父母必读 养育系列图书

兰海成长教育公开课

兰 海 著

北京出版集团公司
北 京 出 版 社

图书在版编目（CIP）数据

兰海成长教育公开课 / 兰海著. — 北京 ：北京出版社，2018. 7

ISBN 978-7-200-14275-4

I. ①兰… Ⅱ. ①兰… Ⅲ. ①儿童教育 — 家庭教育 Ⅳ. ① G782

中国版本图书馆 CIP 数据核字（2018）第 196457 号

兰海成长教育公开课

LAN HAI CHENGZHANG JIAOYU GONGKAIKE

兰海　著

*

北 京 出 版 集 团 公 司
北　京　出　版　社　出版

（北京北三环中路6号）

邮政编码：100120

网　　址：www.bph.com.cn

北京出版集团公司总发行

新　华　书　店　经　销

北京华联印刷有限公司印刷

*

710毫米×1000毫米　16开本　21印张　200千字

2018年7月第1版　　2018年10月第2次印刷

ISBN 978 - 7 - 200 - 14275 - 4

定价：58.00 元

全书阐述了成长教育思想体系、价值观，以及在成长教育体系下家庭教育、学校教育和社会教育的关系。全书系统地为读者提供了教育规划方案，以及面对孩子成长中出现问题的系统解决方案。

推荐序一

随着社会的发展，时代的进步，人们的生育观念发生了巨大的变化：由过去单纯追求子女的“数量”，逐步转变为追求子女的“质量”。因此，他们迫切地需要指导，以便掌握家庭教育的科学知识，实现家庭教育科学化。然而，我们的家庭教育指导图书，远远满足不了广大家长的渴求，真正有价值的凤毛麟角。

前几天，北京市家庭教育研究会秘书长、《父母必读》杂志主编恽梅打电话来，说她们要出版一本家庭教育指导用书《兰海成长教育公开课》，希望这个序言由我来撰写。

在动笔之前，我反复认真地阅读了《兰海成长教育公开课》这部书稿，我认为这是一部值得向广大年轻父母推荐的好书，是一部有价值的家庭教育指导用书。

《兰海成长教育公开课》全书贯穿的教育思想观点，跟我国目前家庭教育指导用书图书市场上流行的书不同，具有以下几个显著特点。

一、该书作者所倡导的成长教育体系，与我们国家目前流行的青少年教育评价标准不同。

青少年教育的评价标准事关重大。不仅决定青少年教育的方向，也是青少年成长发展的指挥棒。作者认为，评价我们的教育是否成功，不能只看孩子的考试分数，不能只看是否考上了好大学，也不能仅看是否找到好工作。也就是说，不能用一把尺子评价所有孩子。而应该看的是，孩子整个成长发展过程是不是顺利，是不是健康。这个观点有利于克服我国儿童教育中评价标准片面性的导向和急功近利的倾向。

二、用成长教育体系视角，不仅仅只是关注孩子的成长，同时，也关注家长的成长，教育者的成长。

这个思想很有价值。我们的家长和教师，作为孩子的教育者，往往只是关注孩子的成长发展。作为教育者，关注孩子的成长发展固然很重要，这也是家长和教师的职责所在。但我们的眼睛不能只盯着孩子，家长和教师自身的成长发展也不能忽视。如果家长和教师的教育素养不高，很难培养出好素质的孩子。

必须明白，“以其昏昏，使人昭昭”是不可能的。要懂得“打铁先得自身硬”和“水涨船高”的道理。只有家长和教师的教育素养提高了，才能培养出高素质的孩子。教育者必须先受教育。

三、成长教育体系特别重视家庭教育在孩子成长发展过程中的地位和作用。

该书明确提出，在三种教育中，家庭教育是核心地位。因为家庭教育、学校教育和社会教育对孩子来说，就像是一座“综合加工厂”，三道“工序”缺一不可。但家庭教育却是第一道工序，是打“底色”的。

另外，家庭教育实际上对孩子具有自主选择学校教育和社会的自主权。从这个角度看，把家庭教育置于核心地位是有一定道理的。

四、成长教育体系主张正确处理家庭教育、学校教育和社会教育的关系。

家庭教育、学校教育和社会教育是要实行三结合，要相互配合。但怎样才能真正实现“三结合”，相互配合。必须对于三种教育之间的关系有个明确的认识。这个问题认识不清楚，很难真正做到相互密切配合。

很多学校和家庭在处理学校教育和家庭教育的关系时，常常是把家庭教育作为学校教育的附庸，把家长视为学校教师的“助教”，家庭教育实际上成为学校教育的“承包机构”。该书的作者认为，三种教育不是指挥和被指挥、支配和被支配的关系，应该是目标一致、互相尊重、互相配合、精诚合作，取长补短、优势互补，努力创造一个有利于孩子健康成长的生态环境。

五、成长教育体系始终坚持以儿童为本，而不是以家长为本。

现在，我国的年轻父母对孩子要求越来越高，越来越重视孩子的家庭教育，舍得金钱和时间的投入。但很多年轻父母在培养教育孩子过程中，有很大的盲目性，不是从孩子的实际出发，而是以家长的主观愿望为标准。这是违背孩子成长发展的规律和教育规律的，不可能达到预期的目标。

《兰海成长教育公开课》一书的作者，有着长期从事教育实践的经历，她是一位充满热情、执着、负责任的儿童教育的探索者、研究者。这本书用了很大的篇幅介绍了孩子从出生到青春发育期的年龄心理特征，引导家长尊重孩子身心发展的规律，按照孩子身心成长发展的需要对孩子进行全方位的培养教育，给家长提供了很有价值的培养教育方案。

相信通过阅读这本书，会使年轻父母站得更高，看得更远，心胸和眼界更开阔，大大增强培养教育孩子，促使孩子健康成长发展的自信心。

赵忠心

2018 年 9 月 1 日

中国教育学会家庭教育专业委员会名誉理事长

中国家庭教育学会原副会长

北京师范大学教授

推荐序二

教育是当下最火爆产业，教育学专著也非常之多。虽然早就耳闻兰海老师名声，却并没有面对面地交流。本次应邀为兰海老师作序，我对这类专题也了解不多，及至假期翻读书稿，不由心中一震——成长教育原来如此奥妙，可以从“道、法、术、器”四个维度展开，中外互鉴，事理交融，让人脑洞大开，豁然醒悟。

其实，有关成长教育的“金句”在网络世界俯拾皆是，也不乏机锋警锐忠告，但大多失之于琐碎，缺乏学理支撑。像兰海老师这样，既具有一定学养又不乏实践经验、既自己做学术研究有开辟实体课堂经验的教育工作者，不多。

随着年龄增长、阅历增加，我们会愈发清晰地感受到，所有表现为偶然的事物，其根本支配力量还是科学规律性，断无例外。

我们常常会面对许多不可索解的问题，比如：

——高智商是不是一个从娘胎里带来的礼物？如果智商是一个相对恒定的指数，那么教育之于成长、成才具有怎样意义？

——“寒门难出贵子”是“真问题”，还是基于偏见的“伪命题”，如果是“伪命题”，如何理解家境与教育的关系？

——如果人的性格是基于生物学基础的自然表达，那么能不能对人的性格部分加以修正乃至深度塑造？有没有可能像外科整形一样，把一个人性格加以改变，怎样做到改变？

——教育的规划与个体兴趣爱好、特殊禀赋，有没有冲突。如果发生冲突，怎样安排选择的顺序？

类似问题恐怕不计其数，而且几乎是“一人一问，各不相同；一人一策，各有道理。”

兰海老师从事教育已经有一些年，但讲得很坦率：“15 年就能判断教育的成功？还是时间太短，不够的。”

这是实话。探索发现规律性不易，运用和验证规律更难。明乎此，才是严肃的教育工作者应该有的科学态度。这也正是兰海老师的难能可贵之处。

经验告诉我，率尔操觚的评说与胶柱鼓瑟的解读，往往失之于浅薄甚导致谬误。评价兰海老师成长教育的论说，不是我的专业，因此我也就不多说什么了。

这里我愿与大家分享的是三点较深的感触。

其一，教育的本土化。兰海老师留学德国，同时又了解自己的国家文化，所以对“源自国外”的华丽外衣，有着清醒的识别与判断。不必否认外国教育特别是西方教育的优长，也不能鄙薄中国教育的深厚家底。中国教育源远流长。自孔夫子已降，杰出教育家不计其数。重要的是，对中国人来说，教育始终是与“生于兹，长于兹”联系在一起。从这个意义上说，兰海老师走进贵州大山与孩子们共同生活，研发“世界通识”教育，远比那些盲目把孩子送到国外留学的家长们，比那些为留学而留学的学生们，要聪明得多。了解差异、尊重差异，在差异中找到自己，才是哲思和睿智。

其二，成长教育没有终点。年龄与成长有关，学历与教育有关，这都没有错。但，是不是年长就有一定表现为成长并反映成熟水平？学历背景，是否准确反映知识领先程度并必然体现为工作能力？许多人们习以为常的观念，许多被认为“不以为非”思维定式，是不是有道理呢？兰海老师通过自己的观察和思考给出了可供参酌的意见，或者给出解题的另一种思路。的确，一个人懂得未知永远大于已知的道理，才可能真的减少愚蠢。

其三，强调问题导向。在以互联网为代表的信息化时代，教育理念、教育方式、教育构成等正发生巨变。文化和知识的汲取，来自什么途径？强制性记忆与背诵还有那么重要吗？移动互联是不是导致教室的消失和教学方式彻底改变？智能化介入教学，会带来哪些伦理问题？等等。虽然这些问题有待探讨，但兰海老师与时俱进，直面当下教育问题，“渴望创造美好未来”的精神，给人以很大激励。因为进取心和进步总是联系在一起的。

写完这篇读后感的时候，恰逢全国教育大会在北京召开。不少人说，此次教育大会提出的中国教育的历史方位和改革目标，不仅反映了中国国情和现代化建设需要，更体现了中国人对现代教育规律性的深刻体认和对教育先进性的追求。在这样一个时代，尤感一切为中国教育事业发展不懈奋斗、孜孜以求的努力，都是值得尊敬的。

是为序。

米博华

2018 年 9 月 10 日教师节

人民日报原副总编

复旦大学新闻学院院长

序

爱，不止于爱

评价一桩生意是否成功，我们会用利润或规模；评价一个产品，我们会用销量；评价一个国家，我们会用 GDP、幸福感、安全系数。那么当我们去评价教育时，我们会用什么方式呢？

有人用考试分数去评价教育的成功，有人用比赛去评价教育的成功，有人用赚钱多少、工作好坏评价教育的成功。

今天，也有人对我说："兰海，15 年过去了，当年进入上濒、加入成长教育体系的孩子已经长大了，他们发展得很好，你的教育成功了。"

我摇摇头："15 年就能判断教育的成功？还是时间太短，不够的 。"

是的，评价教育是否成功不能只看一个学期的考试分数，不能只看是否考上好大学，也不能仅看是否找到好工作。

从个人来说，要看孩子们进入社会后是否找到自己的位置，创造价值，是否在遇到挫折时还能坚持，是否能与这个世界相处，是否能给予自己的孩子合适的环境和机会。这样我们才有一点资格评价教育是否成功。

从社会发展来说，要看这个教育体系是否能促进社会的进步，是否能支持社会的发展，是否能为国家的强大做出贡献。

相比之下，只通过某一个学科的成绩或分数的高低，是否通过某一次入学考试就来判断教育的成功，或者是个体的优秀，就显得狭隘和短视了。

教育是一个非常大的范畴，需要一个系统的综合体来完成。同时也需要学习者在人生的不同阶段学习不同的内容。学习者是孩子或父母的时候学习内容不同，学习者担任工作的时候学习内容也有差异。

只有一点是肯定的，成长教育只有起点，没有终点。

2000年，我进入德国慕尼黑大学学习心理学、教育学和社会学，“成长”这个词在我脑海里出现，最开始只是一个很抽象的概念，一个说起来每个人都会理解的词。随着专业学习的深入，我从探索西方教育体系和理论中，开始用这些系统知识反思中国的教育。我是一个普通的中国人，在贵阳完成了幼儿园、小学、中学、大学的学业，工作两年之后进入了世界一流大学学习。我在学习，也在以教育者的身份思考。我突然意识到在我的实践中欠缺一个重要的内容：在经济水平差异较大的环境中，教育的作用是什么？于是在2001年我回到贵州农村，在村里学校生活了两个月，平日给孩子们上课，周末就走几小时的山路去家访，更多地了解孩子和他们的父母。这个时候，“成长”在我心中已经有了脉络。

26 岁开始，我从研究自己转向了探索世界，从那时候开始“为什么不呢”这个问题成为我的主旋律。

“为什么不自己开发一个课程呢？”

2002 年，我回到国内，找遍北京市，都没有发现我想参与的教育项目。德国慕尼黑大学的毕业论文中我论证了《教学环境（任务）对个体能力发展的影响》，于是回到北京的我特别想找到一个属于人文学科的教育项目，通过有趣的学习任务和新型的师生关系来激发学习者的创造力。因为我想验证，“中国学生只会死记硬背”的刻板印象是可以通过改变教学环境而突破的。可惜当时的北京并没有这样的教育项目，报纸上铺满了各种考证、升学、记忆能力、奥数、英语的培训课程。我找不到自己想要的内容。

于是，有了第一个“为什么不呢”。

2003 年，我们自主研发的“世界通识”课程在北京正式开课了，通过塑造全新的教学环境帮助学习者发展思考能力、提高自我认知水平和创造力。我们从一门课程到一个课程体系，从一个营地到一个营地体系。随着团队不断成长，参与的孩子和家庭越来越多，让我有机会从个体现象看到群体状态，从横向比较到纵向发展，从此更系统地思考，开始搭建完整、具体、可执行的评价体系。

“你们的教育理念是哪里的？不是国外的吗？”这是我经常被问到的问题。

在西方的教育理念和产品被大力推崇的时候，人们对源自本土自主研发的教育内容是本能排斥的。也许因为本土教育被认为都是强调应试，或者是因为“源自国外”这四个字本身就给教育项目穿上了一件华丽外衣。其实，在上瀕的15年历程中，我们看到了很多中国研发的好项目。遗憾的是，大众更相信舶来品。确实，教育项目的背后需要一个体系，同时关注学习者、教育者的体系，不仅仅看到个体成长，还关注家庭成长的体系。

于是，我脑海里出现了第二个问题：“为什么不尝试创造一个体系呢？”

在过去的15年，我们陪伴了3000多个家庭成长，每个家庭和我们在一起的时间最少3年，最长10年，这些大量的案例和数据基础让我能够思考更大更广的可能。孩子和家庭的关系，学校教育和社会教育的关系，我从最早的教学环境的研究开始转向整个社会环境对个人成长的研究。

感谢德国慕尼黑大学的海因茨·内波（Heinz Neber）教授，在我进入心理学、教育学专业学习的时候，在他的强力推荐甚至是强迫下我同时选择了社会学专业。读书时候的我并不能准确知道社会学对于教育和心理的影响，只有当我开始思考一个更大范畴的结构时，才发现当年学习社会学的价值。感谢《超级育儿师》的拍摄，让我有机会进入近百个有代表性的中国家庭，几乎与每个家庭同吃同住十几天，在每个家庭中实践我的教育思想和方法。这样的经历让我在实践中不断调整对家庭教育的思考，并且从北上广的大城市走向更多元化的家庭背景。

一路走来，"成长教育"的概念越来越清晰，从理论认知到实际操作，从个人、家庭到社会。

我希望能够从一个理论体系的搭建和实际操作的实践来帮助在成长中的每一种角色（孩子、父母、教育者），解决问题，实现成长。

教育实践和系统搭建是一件很矛盾的事，往往在刚有些许突破的时候又陷入了一个死胡同。实践要解决的问题是"怎么办"，看到效果就能让自己满意，而系统搭建需要回答"为什么"，这个过程就是一个自己为难自己，自问自答的过程。我经常在关灯前对今天完成的10页内容欣喜若狂，第二天却又极度不满意地把它们全部撕掉。

坦白说，如果不是看到系统呈现的价值，我可能无法完成目前的进度。

教育是一件严肃并且影响深远的事，因为它直接和每个人的成长有关。用系统的方式思考才能更加全面地看待个人成长与家庭和社会的关系，才能使用更多元化的方法解决问题，才能让更多优质的内容传承，才能让教育者更加主动。

一个体系的研究需要很多年，就算是积累了15年的实践和研究，也只能算是刚刚起步。从0到1是一个从无到有的过程，需要勇气和决心；从1到未来，需要开放、严谨和坚持。

在我写这些文字的时候，北京“两会”传来好消息，全国开始全面推进素质教育，减少各种应试考试选择加分，把多元目标、综合素养和跨学科解决问题的能力作为教育的核心目标。

这些改变会让更多优质的教育内容有更好的成长环境。

世界上好的教育理念都是一样的，不分东西。但是教育理念的执行却需要在一个社会背景下落地，这就是教育的特殊性，需要考虑社会发展和文化传统。

我们的教育水平确实还有很多需要提高的地方，但是我们也看到了进步。

在国家发展的今天，我们的教育也应该自信。在各个领域，我们都开始了中国创造。在教育领域，我们也应该有自主研发的内容，因为我们扎根在这片土地上。

2002年回国的我，完全没有想过会自己创业；2003年创业的我，完全没有想过这件事会做了15年；2018年的我，渴望创造更好的未来。

真正的爱，不是顺境时爱能给你的回报，而是在逆境时，你还能坚持地付出，执着不放弃。

感谢 15 年来支持我的人，是你们的爱让我能够感受到自己的价值。

感谢 15 年来批评我的人，正因为这样的批评才能让我意识到原来我如此深爱自己的课程体系，也让我变得更加认真努力。

既然爱，为什么不坚持下去呢？这是我的第三个“为什么不呢”。

爱，不止于爱， 才能不负自己，不负好时光。

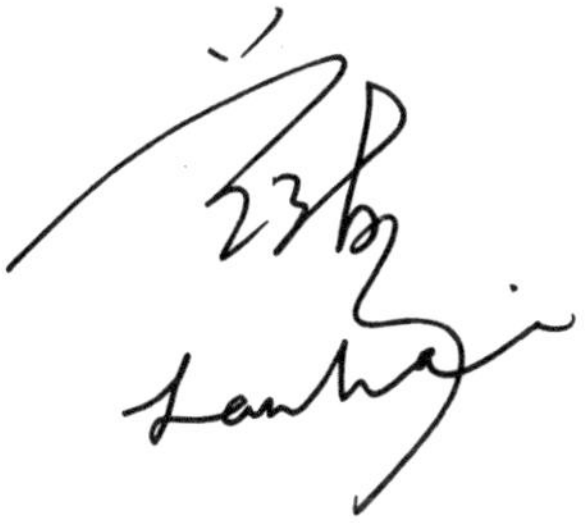

目录

第1章 什么是成长教育

第2章

成长教育的“道”

第3章

成长教育的“法”

第4章

成长教育的“术”

第 5 章

成长教育的“器”

第 6 章

写给你们的，也是写给我的

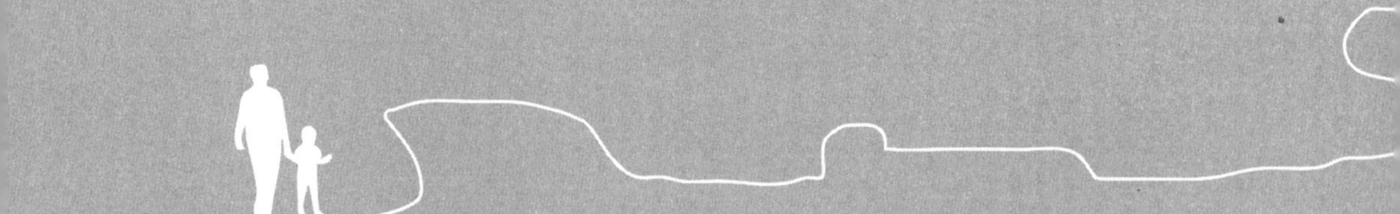

第 1 章

什么是成长教育

第1节　我们所说的成长教育

成长教育是一个关注全人终生、合作的科学体系。在这个体系中，我们帮助个体在心理、生理及认知与能力水平上的全方位成长，关注个体当下的快乐体验，更在意个体长远的发展。

成长教育以科学成长规律为基础，帮助个体（孩子、父母、教育者）在不同的社会背景和文化环境中解决在不同年龄阶段遇到的问题，实现成长。

因为强调个体全方位的发展，所以在成长教育的体系中强调多元的评价标准，对个体的发展不以唯一的学业成绩或竞赛表现作为评价标准，而是更全面地看待个体发展。正因为如此，成长教育才会把研究个体（孩子、父母、教育者）在生理、心理及认知与能力方面的成长作为最重要的任务。

成长教育是一个长期的系统工程，需要家庭教育、学校教育和社会教育的共同合作才能实现帮助个人成长的目的。在这个系统工程中，家庭教育是核心，并与学校教育、社会教育互为补充，共同合作，帮助个体成长。成长教育提倡为学习者创造完整的学习系统，并根据个体特点和家庭资源进行有效的组合。

成长教育强调孩子、父母、教育者是一种合作关系，达成一致目标，并在合作中让彼此有收获、有成长。

社会的发展和科技的进步不仅带来了世界格局的变化，也带来了教育的变化，带来了个人在世界的定位、生存和生活的状态的变化，这些变化也会要求教育内容和方式有所改变。因为教育的目的就是让人能更好地生活，所以成长教育也在研究社会发展的变化，能够让教育本身充满了创造力，更好地与社会共同进步。

成长教育的特点：全人终生、科学多元、合作系统、开放发展。

第 2 节　成长教育是全人终生的教育系统

成长教育只有起点，没有终点。

人是一个整体，某一点的变化都会带来更多的变化。所谓牵一发而动全身，就是这个道理。

可可是一个 9 岁的女孩，因为沟通表达能力不强，所以她在公众场合很少说话。可可妈妈想提高可可的语言表达能力，就给可可报名参加了一个语言培训班。经过一年多学习，可可的沟通表达能力得到提高，与之相应地，可可在班级中也开始更多表达自己的想法，扩大了自己在同学中的影响力，同时自信心也提高了很多。可可提高了沟通表达能力，同时还提升了与团队合作的能力和自己的自信心。

这样的现象在成年人中也是屡见不鲜。当我们的沟通表达能力提高之后，工作中会获得更多的帮助，同事之间合作也会顺利，自己的心情愉悦，也会有更优秀的工作表现。

随着年龄的增长，外显变化，比如身高、体重的变化越来越少，但是心理状态、能力水平这些隐性因素的变化却从未停止。但是容易引起关注和被观察到的往往是这些外显变化，个体在早期发展中的变化更容易引起关注，或者说觉察。

打开网络进行查找，我们能找到无数种工具来记录孩子的早期变化，什么时候喝奶、大小便、睡觉及第一次翻身、第一次爬行、第一次站立、第一次说话、第一次掉牙是什么时候。但是 6 岁之后，我们的记录本上可能就只剩下孩子的身高记录了。

发现个体生理上的变化容易，但观察到心理和能力这些隐性因素的变化就很难，并且也很难有统一的标准。但这些隐性因素又需要我们的关注。所以我们更容易发现婴幼儿的变化，而对于越来越大的孩子们，我们发现其变化的难度就越来越大。

有不少父母向我抱怨自己的孩子不求上进，除了学习对其他任何事都充满兴趣。这些看上去“不求上进”的孩子，真的仅仅需要提高对学习的兴趣就会发生变化吗?

事实上，每个孩子都希望自己在学业上有优秀的表现，有时候恰恰是太渴望优秀了，内心设定了高于自己能力的目标，在几次不可能实现之后就放弃了努力；还有就是没有找到适合自己的学习方法，所以无论付出多少努力，都无法让自己满意。

对于青春期的孩子来说，看待自己的失败时，他们会把自己的努力和渴望隐藏起来，然后表现出各种的不在乎。这些“不在乎”在父母看来就是他们的“不求上进”。设想如果基于父母的判断，我们不断给孩子鼓励，激发他对学习的渴望，却没有发现孩子需要实际的学习方法的帮助，更需要制定一个能够实现的小目标来体会付出努力的成功。

结果可想而知，就是孩子们会继续对学习不感兴趣。

所以，无论是渴望帮助孩子提高还是分析孩子行为背后的原因，我们都需要观察孩子这个“人”的全部，才能给孩子切实可行的帮助。

在过去的 15 年中，无论是孩子还是父母来向我寻求帮助，我都会用超过 50% 的谈话时间去确认“问题”。这个确认的过程就是通过提问来进行观察的过程，只有看到更多的内容，才能让真正的问题呈现出来。

横向来看，成长教育关注的是个体在不同阶段的生理、心理和能力水平的成长，所以我们关注的不是某一点，而是个体发展的全部方面。

纵向来看，成长教育关注个人的一生，拥有更大的格局，这也是成长教育能够帮助父母和教育者进行教育规划的原因。真正的教育需要有从未来看现在的眼光，作为父母培养孩子的目标是当孩子要独立生活的时候，他拥有可以独当一面的能力；当孩子面对失败的时候，他有可以从头再来的勇气；当孩子想要获得的时候，他能够不畏艰难敢于争取。

这些都是成长中一点一滴的积累。

人的学习，是一个从被动到主动的过程。小时候，父母为孩子选择幼儿园、小学，慢慢地，孩子需要自己考上满意的中学、大学。成年之后，个人完全是主动学习的过程，不论是职业发展上的学习，还是作为父母的学习都是成年人的主动选择。然后，如果从孩子一岁开始，在他成长的过程中不断提升的是主动学习的能力，建立的是主动学习的意识，那么孩子走向社会真正独立的那一刻就充满了力量。

幼儿园老师在帮助孩子获得现阶段的成长之后还能考虑到孩子进入小学阶段的适应情况，小学老师同样考虑孩子在学习能力上的独立能够帮助他更好地适应中学学习，就能顺利地帮助孩子进入下一个阶段的学习。教育者需要有这样的高度，父母也需要不断培养这样的思考角度。

关于延迟满足，有一个著名的心理学实验，是于20世纪60年代由美国斯坦福大学心理学教授米歇尔·沃尔特在大学校园里的一间幼儿园开始的。研究人员找来数十名儿童，让他们每个人单独待在一个只有一张桌子和一把椅子的小房间里，桌子上的托盘里有这些儿童爱吃的东西——棉花糖、曲奇或是饼干棒。研究人员告诉他们可以马上吃掉棉花糖，或者等研究人员回来时再吃，还可以再得到一颗棉花糖作为奖励。他们还可以按响桌子上的铃，研究人员听到铃声会马上返回。对这些儿童来说，实验的过程颇为难熬。有的孩子为了不去看那诱惑人的棉花糖而捂住眼睛或是背转身体，有的孩子开始做一些小动作——踢桌子、拉自己的辫子，有的孩子甚至用手去打棉花糖。结果，大多数的孩子坚持不到3分钟就放弃了。一些孩子甚至没有按铃就直接把糖吃掉了，另一些则盯着桌上的棉花糖，半分钟后按了铃。大约三分之一的孩子成功延迟了自己对棉花糖的欲望，他们等到研究人员回来兑现了奖励，这期间差不多有15分钟的时间。

从1981年开始，米歇尔逐一联系现今已是高中生的参加者，给他们的父母、老师发去调查问卷，针对这些孩子的学习成绩、处理问题的能力及与同学的关系等方面提问。

米歇尔在分析问卷的结果时发现，当年马上按铃的孩子无论在家里还是在学校，都更容易出现行为上的问题，成就也较低。他们通常难以面对压力、注意力不集中而且很难维持与他人的友谊。而那些可以等上15分钟再吃糖的孩子，在学习成绩上比那些马上吃糖的孩子平均高出20分。

所谓延迟满足，就是我们平常所说的“忍耐”。为了追求更大的目标，获得更大的享受，可以克制自己的欲望，放弃眼前的诱惑。

在我看来，父母和教育者在培养孩子的道路上也需要放弃眼前的诱惑，才能帮助孩子获得更长远的成就。

这个诱惑可能是暂时的赞誉带来的喜悦，也可能是孩子面对困难时的痛苦，这两种极致的情绪最容易扰乱我们的心智，让我们做出满足当下却缺乏长远目光的选择。

那么怎么才能做出有格局的选择？判断的依据又是什么呢？

这就是成长教育强调的遵循科学成长规律的原则，选择孩子成长最需要的内容。

第3节　成长教育遵循科学成长规律，设立个人成长的多元目标

《兰海说成长》是一档帮助孩子解决他们烦恼的节目，阿哲，14岁的男孩，在节目中和我讨论关于“恋爱”的问题，这是一个在很多中国家庭不能提及的问题，但是阿哲的家里却可以讨论。在谈话的最后，我问：“你的爸妈最关注什么？”阿哲脱口而出：“成长。”

这是一个特别动人的答案，也让我敬佩他的父母。不仅仅是他们在意成长，更重要的是他们的行为也让孩子感受到“成长比成绩”重要。

成绩是什么?

在我读书的时候，20世纪80年代，有一个顺口溜在同学们之间广为流传：分分分，学生的命根；考考考，老师的法宝。

几十年过去了，这样的情况并没有得到根本的改变。

变化的却是，有更多的考试培训班填满了孩子们的时间，有更多的父母把金钱投入到孩子学习成绩的提高上，也有更多的孩子用了激烈的方式表达自己的反抗和控诉。在过去一年中，在国内的中学生，在美国常青藤大学的留学生，因为考试成绩不好与父母发生激烈对抗，

因为无法面对学业压力而结束自己生命的孩子越来越多。

成长让我们快乐了吗？教育让我们获得幸福了吗？

到底是什么地方出现了问题？

崇明，一个10岁的孩子，我第一次看见他，就被他眼神中的黯淡吓着了。我问他的任何问题，他都会用“都行”“好的”“无所谓”“你决定”“不知道”来回答，好像一个已经看透了人生的老人。我开始用一些更新鲜的问题，想要观察他情绪上是否会有起伏。比如孩子们都感兴趣的游戏、外星人、电影和机器人。但他仍然无动于衷。我仍然不甘心，便搜肠刮肚地谈及我知道的每一个领域，30分钟过去了，这孩子还是低着眉头。通常情况下，我只需要5分钟就能立刻找到孩子们的关注点，而他，我确实没有办法。

看着我累得够呛，崇明终于说话了：“兰海，你说的东西我都不知道。如果你想聊天，我们就聊聊考试吧。”

崇明对我的同情打动了我，我让他在上濒的一楼休息。

我需要和他妈妈聊聊。

“兰海，你能帮帮我吗？为什么崇明成绩总考不好？你们上濒能帮助他提高学习成绩吗？”

“嗯，你担心他考不好，那么他这一周都是怎么安排的呢？”

“就是担心他考不好啊，你看，他马上就要上五年级了，所有的小升初都那么激烈，我能不担心吗？这是大事啊，所以崇明现在周一到周五有三个晚上都要补课，周末要上外语班、数学班，另外最近还在补习作文。就是今天下午，周日有半天休息，所以来找你聊聊，为什么报了这么多班，但是他的成绩还是上不去。另外，我总觉得他病恹恹的，怎么像个小老头。”妈妈一脸愁容地告诉我。

“我和你有一个观点非常一致，就是他确实没有精神，对什么都不感兴趣。”

我起身去外面给这个焦虑的妈妈倒杯水，上濒的办公室是挑高的二层，我正好能看到一楼的崇明。

我发现了他的兴趣。

正好下课，孩子们从教室出来，开始讨论军事课程的内容，在讨论各种武器，还比画起来，孩子们神色轻松，言语幽默。崇明一边听，一边露出了笑容，蜷缩在沙发里的身子也坐直了，头也朝孩子们那边转了过去，眼神中有渴望，也有害怕。

我拿着水杯回到办公室，看见他妈妈正在跟辅导班的老师联系，在询问课后练习的事。

“在你眼中，孩子什么最重要？”

“学习啊，现在竞争多激烈啊，‘牛孩’越来越多。”

“所以你说的学习是考试成绩对吧？”

“当然啊，其他的嘛，长大之后什么不能玩啊，有大把的时间让他去玩。现在必须只有学习。其他的事通通往后排。”

“如果你身边的孩子是那种社交能力特别强的，或者是知识面特别广的，你觉得他们好吗？”

“不一定，社交能力强的孩子肯定爱交朋友，那就没把全部的时间放在学习上了，这个不行。知识面广的，那要看对学习是不是有帮助了。成绩还是最重要的吧。”

这个妈妈身上有千万父母的缩影，在他们看来，学习成绩是衡量一个孩子是否优秀的唯一标准。

孩子对世界的好奇，对朋友的渴望，对社会的关注都被父母一一拒绝。

在学习成绩这样唯一标准的要求下，我们身边会有很多和崇明一样的孩子，他们内心渴望，但已经不知道如何表达，他们被“成绩”这个铁罩子盖住了，这让他们呼吸艰难。

如果他们成绩好，还能在铁罩子里找到自己可以呼吸的空间。

如果他们成绩不佳，那他们的处境更加艰难，因为学习成绩成为他们自我评价的标准。成绩不好变成了对个人的完全否定，看不到自己其他方面的强项、优点。

成绩成为全部，我们的人生变得狭隘了。就如同一个成年人，挣钱多少成为他自我评价的标准，成为周围人评价他是否成功的标准。这样的人生有意思吗？

我们把只看钱的人，称为“势利”的人，那么只看学习成绩的人呢？

我陪伴过很多在中学不想去学校的孩子，一般来说有两类原因。一类是社交受挫，在同学中找不到价值感，无法处理社交中遇到的问题；

另外一类就是不喜欢老师，和老师产生矛盾冲突。

看上去这两类原因似乎都与学习成绩无关，但实际本质的原因也是成绩是唯一的评价标准。

进入青春期的孩子，交往动机和成就动机非常强烈，但身在一个学习成绩为唯一标准的环境中，也就意味着如果你在班级里排名在 50% 以后，基本上就属于不被重视的人群，如果你成绩不好，自然没有办法获得尊重，如果你成绩够好，就会担心成绩一旦下滑便无法获得尊重。而在成绩是唯一标准的环境中长大的孩子，既不会处理和同学之间的关系，也无法面对自己的糟糕，他们的选择就是逃避。

一个成绩糟糕的孩子遇到一个只评价成绩的老师，那样的反抗可想而知，其实反抗的不是老师，而是那个连“我”都瞧不上的自己。

那么，老师为什么会这样呢？

因为老师也被那个唯一的学习成绩标准指挥了。一旦学习成绩被认定为唯一标准之后，老师的关注点完全被“分数”牵制，学校的考评源自学生的成绩，可能父母的评价也会源自孩子的成绩。

这些回避学校的孩子回到家里会面对什么情况呢？青春期赋予了这些孩子反抗的力量，一种是沉默的反抗，一种是激烈的反抗。

父母也是一样，一类父母用压迫式的方式强压孩子去上学。还有一类，就是看着牛高马大的孩子，不知道怎么办，只是顺从，既无法感受孩子的内心，也没法要求孩子回到学校。

孩子们一直被学习成绩这一个指挥棒引导着，小时候不够强大，没有足够的爆发力抗拒，一旦积蓄了力量，开始反抗，而此时的父母已经不知所措。

这样的悲剧太多。更让人难受的不是孩子不去学校，而是一种深深的无力感。

孩子、父母、老师，都被这个铁罩子憋得透不过气来，想要挣脱，找不到路。

那么到底学习成绩重要吗？

重要，但不是唯一。

除了这些考试之外，孩子们还有更大的世界需要探索，除了完成各种填空题、选择题以外，他们还需要面对人生这张更大的试卷，上面的考题不再是语文、数学、物理、化学，而是是否能够找到自己所热爱的事业，是否拥有一个健康的心态，是否拥有一种稳定积极的亲友关系。

这些功课都需要从小练习，孩子们需要更多元的成长目标。

联合国教科文方面的研究组织在针对未来世界所需要的人才趋势分析中提出了很重要的观点：教育与未来能力两个部分，其中 45% 的能力来自于显性能力，也就是学校所提供的具有分数评价性的语言和专业技能；而更大的比例则是来自于 55% 的隐性能力中，最重要的就是独立思考、沟通表达和创造力。这也就意味着，如果我们把所有的重点都放在分数上，就有可能让孩子丧失获得55%的能力的机会。

科学的成长规律是成长教育遵循的根本。在人发展的各个时期，由于生理、心理和认知水平的不同，我们所需要达到的目标不同，所展示出来的状态也是有所区别的。

用学校的标准化考试成绩作为衡量个体的唯一标准，不仅让每个人陷入困境，还让我们错过了孩子们成长的关键期。

人生最早的6年，也是生命发展最快的阶段。这个阶段我们能够清晰地看到生命的变化，身高、体重、直行、站立、爬、跑；从只会用哭笑表达，到用字、词、句来表达，从只被家人关注、呵护到走向社会群体。

这6年，快速发展的生理状态让我们全部的注意力很容易被抓住，但实际上大脑认知和情感发展也非常快速。

在这6年，也是生命早期发展的6年，成长教育的多元目标体现在10个方面：大脑发展、感知觉、认知、自我意识、情绪、安全感、好奇心、规则意识、语言发展和社会认知。

人的成长是一个系统，环环相扣，每一个方面的发展都会影响与其相关联的内容。

6岁之后的孩子生理上发展的速度开始放慢，心理上的变化开始出现层次感，对社会的需求开始增加。根据科学的成长规律，对于个体在生理、心理和认知发展的需求，成长教育的多元目标体现在两个方面，一是心理方面；另外一个是认知水平和能力方面。

心理状态的积极健康会促进孩子在认知能力上的发展，如果是消极负面的心理状态则会阻碍孩子在认知能力上的成长。

个人心理的成长，成长教育关注安全感、归属感和自我价值的需求。当个体对安全感的需求得到满足，在群体中（家庭、学校）获得充分的归属感，就能激发个体对自我价值的追求。认知水平和能力方面，知识领域、学习力、社会能力和创造力四者之间相互促进相互发展。

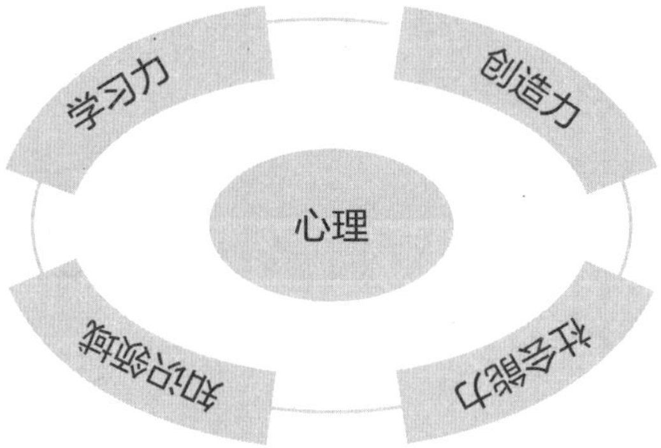

成长教育模型 1

在过去的 15 年中，成长教育模型在不断的实践过程中被不断地调整，在一个完整的系统中，我们还可以看到细化的内容。

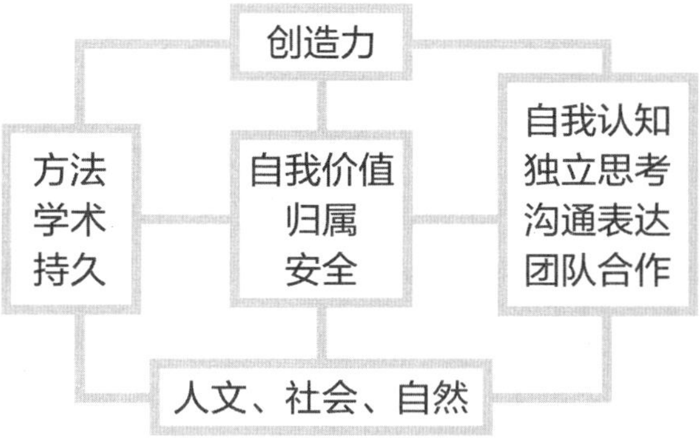

成长教育模型 2

成长中的多元评价标准能够让我们挣脱困境，值得欣慰的是，我们的教育在发生改变，不仅仅是在中国，全世界都在发生变化。

2017 年 3 月 26 日，上濒成立 14 年的纪念日，来自世界各地的孩子们纷纷送来祝福。我也借这个机会采访了很多父母和孩子。

很多孩子在回答“你为什么那么喜欢上濒？”这个问题时，给出了以下答案：

“因为安全。”

“我可以成为我自己。”

“我觉得上濒舒服。”

“就是那里有人喜欢我。”

“接纳吧，接纳我。”

“没有那么多的 judge （评价）。”

“因为上瀕呼吸自由。”

……

这些答案来自孩子们内心的真实感受。这些感受的背后就是因为上瀕实践了成长教育中最重要的核心：多元的评价标准。于是，任何一个孩子的闪光点都有可能被发掘，一旦孩子感受到自己被接纳，他们就会觉得安全，就会觉得放松和自由。

这些是怎么做到的呢？

因为多元的评价标准，也就是目标。

在一个教学环境中，老师和学生之间在做什么，学什么，考什么，是两个角色的共同任务。当老师明确了自己的目标不是单一的，而是多元化的，他知道在教育中需要帮助孩子培养积极的健康心理才能让孩子拥有更好的学习状态。作为老师，考核的不仅是孩子学习的结果，还有他学习的过程。无论是课程的设计还是营地活动的策划，都有多元化的目标。老师的关注点会得到充分的扩展，这样的多样扩展性会帮助他从各个角度观察孩子，认可他们，并且竭尽全力地创造一个有安全感和归属感的环境。

如果学校的评价方式不仅仅是简单的学科分数，还有更多，比如成长教育模型中的团队合作，比如有很好的沟通表达能力，比如有丰富的不局限在学校学科内容的知识领域，比如有强大的创造力……孩子对自己的评价就不会局限在几门主科的考试分数上，教育者的目标也会随之发生改变，这种改变也会引导父母看到更全面的孩子，更多发展的需求。

第4节　成长教育的目的是帮助个体（孩子、父母、教育者）解决问题，实现成长

人，组成了家庭，组成了社会，形成了文化，并且推动着世界的发展。人对世界的认知，伦理道德，对生命的理解，创造着世界。

人，创造了世界。那么，谁创造了人呢？

从生命的本源来说，父母创造了新生命；从生命的发展来说，我们每一个人都对身边的生命产生着影响，这个影响，就是教育。

大多数情况下，我们提到教育，首先想到的是孩子，也一直把孩子作为研究的对象，我们有无数的书籍教父母如何管理孩子，如何设计各种课程让孩子学习，我们几乎把所有的关注度和时间都给了孩子。但是我们却忘记了，如果孩子是种子，那么父母就是土壤，教育者就是阳光雨露；如果孩子是小苗，长大之后的小苗就会成为土壤、阳光雨露，他们会用另外的角色照料自己的小苗。

如果土壤不肥沃，阳光不明媚，雨露不充足，小苗怎么成长呢？

成长教育关注的不仅仅是孩子，还有父母和教育者。在商业上，我们说需要达到双赢才能是一桩好生意。在教育上，我认为只有三者都有成长，才是真正成功的教育。

每一个孩子都会成为父母，都会在家庭中对自己的孩子产生影响。每个个体在幼儿期、童年期和青少年期生理、心理发展不同，需求不同，受到的影响不一样，于是形成了在性格能力、行为上的不同。

成长不会因为人的角色变化就停止，孩子们离开校园并不意味着教育就停止了，只是教育的方式变得更加灵活和松散，而学习方式更多样化，学习的时间更碎片化。

随着年龄的增长，个体在家庭中的角色也会发生变化，从被照顾者变成了照顾者，也会组建自己的家庭，从家庭中的孩子成为新家庭中的父母。

所以，成长教育的视角不是仅仅关注孩子，也不是仅仅关注父母，而是在这样的互动关系中的角色变化，以及变化中的需求。

个体在不同年龄阶段受到不同角色的个体影响，成长期中，父母和教育者是接触最多的角色，也能对个体发挥重要的影响。从个体成长的角度，研究父母和教育者对个体在不同年龄阶段用何种方式对个体产生影响。

个体在家庭中的角色是“孩子与父母”，而这两个角色又是在转换中，现在的孩子会走向父母的角色，而父母的过去也是孩子。所以在研究家庭中的角色的时候，需要用连贯的思维和角度去探索。

个人的成长受到教育者的影响很大，从某种意义来说，父母也是教育者。

教育就是人对人的影响力。从这个概念来说，社会中的每一个人都会对别人产生影响，有些是有意识的，有些是无意识的。有意识的影响就是具体的教育行为，无意识的影响也许能带来效果，但因为在毫无意识的情况下发生，这是影响行为，但并不是教育行为。

孩子的烦恼、父母的烦恼、教育者的烦恼，都是成长教育想要解决的问题。

作为父母的烦恼大多因为教育而生，父母不是超人，也有自己的情绪要表达，也有很多空白需要学习。我们常常只关注孩子的成长，而没有感受父母的苦恼及渴望获得的帮助，用“圣人”的标准去要求父母，这无疑让父母陷入巨大的自我否定之中，父母和孩子一样，都在体验着自己人生的新角色。既然孩子需要帮助，那父母也一样。成长教育不仅仅关注父母的感受，同时也要帮助父母解决在教育上遇到的困扰。

设想一下，如果教育者的教学水平得到提高，就能更好地帮助孩子，那么教育者的价值感也会随之提升，社会对教育者的评价就会提高，不管是经济收入还是社会地位如果能够保持在一个不错的水准，才会有更多的人在选择职业的时候走向教育的道路。当教育者的心理状态被关注、被帮助，就会更健康地把自己的一面呈现在教育环境中。

过去的15年，我研究孩子，研究父母，研究教育者，做各种尝试，在各种尝试中不断调整和创新，最重要的目的就是希望每一个在教育环境中的人，都能喜悦幸福。

这也是成长教育的主旨，帮助孩子、父母、教育者解决问题，实现成长。只有这样，我们的教育才能健康，才能持续健康。

第5节　以家庭教育为核心，与学校教育、社会教育共同合作帮助个体成长

个人在各个年龄阶段的发展目标确认之后，我们需要通过各种教育形式的合作，共同实现目标。

成长教育是一个持续的、合作的系统。面对多元化的目标，只依靠某一个方面的努力都无法完成，所以需要共同协作，多方支持。

我把教育的种类分成家庭教育、学校教育和社会教育。这三种教育通过各自的组织特点和形式帮助个体实现成长。

当这三种教育组织形成目标一致、互为补充、合作发展的生态圈时，就会带来良性积极的教育效果。如果良性的生态圈不能构成，就会带来教育效果的减损，受到影响的不仅仅是孩子的个人成长，还有家庭关系及更深远的社会发展。

我认为家庭教育是核心，是个人成长的基础，家庭教育不仅仅为孩子打下生活价值观的基础，父母在生活中的行为也具有最大力量，潜移默化地影响着孩子。这样看来，家庭教育还处于主导地位，拥有选择学校教育和社会教育的权利和能力。

人类漫长的发展中，无论在哪一个社会背景和时代发展之下，家庭都是人类最依赖最无法回避的精神源泉和发展根基。

随着心理学的发展，很多成年人通过分析自己的心理和行为状态

来追溯原生家庭对自己的影响。几年前，在中国豆瓣网站上有一个群体，叫作“父母皆祸害”，里面不乏很多成年人的吐槽，抱怨父母给自己留下的不可磨灭的伤害。

无论是正面的还是负面的，这也从另外一个侧面反映了家庭对于个人成长产生着重大作用。家庭对于孩子的影响，不仅仅是生活在一起时的潜移默化的作用，而在孩子人生最初的时间中，父母的选择几乎决定了孩子的一切。

当孩子呱呱坠地，父母选择用什么方式面对孩子的哭闹，吃饭、睡觉的生活安排，包括家里的摆设，特别是和孩子的互动方式决定了孩子最早接受影响的质量。孩子上什么样的幼儿园、小学，遇见什么样的人，了解什么样的世界，这些都和父母的格局、眼光和认知有关，当然也和家庭的经济情况及所在地区有关。但是无论如何，父母是掌握主动选择权，相比之下，每个人在人生最初的时间，都是在被动接受选择。

我们确实没有办法选择谁做我们的父母，但是我们可以选择自己成为什么样的父母。而成为“什么样的父母”并不是在成为父母那天修炼的，又和我们每个人的成长经历有关。

小时候，孩子进入的第一个幼儿园，是父母选择的。父母怎么进行选择呢？我们会考虑幼儿园和家之间的距离，会考察幼儿园的安全，会参考不同幼儿园的价格，但是最后起决定作用的是幼儿园的教育理念也就是培养孩子的目标是否和父母的一致。有的父母喜欢强调英语的幼儿园，有的父母喜欢强调与大自然接触的幼儿园，各自不同。3岁的孩子，能参与的环节是父母有可能带孩子去幼儿园参观，问问他们是否喜欢。但实际情况却是，我们带孩子参观的幼儿园，基本上也进入了父母的候选圈。所以，父母的教育理念，也就是家庭教育的价值观决定了父母的选择。

孩子进入幼儿园之后，父母就会开始思考：除了幼儿园里接受的教育，孩子还需要学点什么呢？于是，父母们开始给孩子张罗各种兴趣班。

如果父母能知道成长教育的多元化目标，知道6岁以前的孩子需要在多个方面有发展，那么我们就会选择适合孩子的幼儿园。

但是选择了“对”的幼儿园，孩子的成长就不需要家庭的努力了吗？

我们来看一组数据。

1995年哈特和瑞斯丽（Hart&Risley）做了一个意义非凡的调查，在美国抽样调查了3个群体的家庭：第一组是父母处于领取社会救济金的家庭，第二组是中等收入的家庭，第三组是父母受过高等教育也是高收入的家庭。分别记录了每小时孩子们会听到的词汇量，在孩子16个月龄的时候，孩子在领取救济金的家庭每小时听到不超过120个词汇，在中等收入的家庭听到的词汇量是180个，而在父母受过高等教育高收入的家庭听到的词汇量接近300个，随着孩子年龄的增长，这个差距越来越大，当孩子36个月龄的时候，高教育高收入家庭的孩子所听到的词汇量要比领救济金家庭的孩子多出了3000万个。相应的是，这些孩子在 4 岁的时候语言发展也有了很大的区别。当救济家庭的孩子能表达的词汇量是500个时，中等收入家庭的孩子能表达的词汇量是750个，而父母受过高等教育高收入家庭的孩子则能表达 1100 个词汇。

这个差距是家庭带来的，假设这三组家庭的孩子都进入同一所幼儿园，但是由于家庭教育产生了差别，孩子的发展也有不同。

我们无法选择自己在什么样的家庭出生，所以家庭教育对于每一个孩子来说，是一个被动选择的教育过程。孩子从妈妈肚子里开始就在接受来自父母的影响，而他却没有判断，无法选择。

人一出生，就有家庭，所以家庭教育一直存在，不会消失。当年幼的孩子长大成为父母，传承便一代代延续着。

学校的出现是把家庭中没有办法进行的“学科类专业教育”有组织地开展起来。父母更多的是通过生活影响孩子的价值观，而学校通过专业的方法系统地帮助孩子成长。

学校教育给个体提供系统化的教育内容。学校教育因为国家不同文化不同，让个体接受的系统化教育呈现出很多差别，这也反映了社会不同时期的发展。而学校教育也跟随社会的发展在持续不断地发生改变来适应社会发展对于个体的要求。无论是中国还是美国、德国，学校教育都在发生着改变，但是由于学校教育体系是一个庞杂的系统，从想改到实际的改变是一个漫长的过程。

随着科技的进步和发展，学校教育的模式发生了各种各样的变化，从老师和学生在一个教室里学习，到可以通过互联网的方式学习，随着AR和VR技术的发展，在未来越来越多的学习将不会在教室内发生，特别是技能和知识内容的学习，通过高科技的方式能提高效率并带来更多的体验。但是有哪些教育内容是需要人对人才能发生的呢？这些正是这个时代的教育者最需要思考并付诸实践的问题。

世界上没有一所学校能满足孩子成长的全部需要。

所以，社会教育需要成为个人成长中非常重要的补充，在一些学校教育发展不好的地区，社会教育比学校教育发挥着更强大的力量。在一些战乱地区，由各国基金会或无国界教育机构为当地孩子提供的教育上的支持非常有价值。

社会教育是对家庭教育和学校教育的补充，而不仅仅是简单的重复。社会教育的内容反映了全社会的教育走向，也反映了家庭对于社会教育类型的选择，也反映了社会价值观，而这正是家庭可以掌握选择权利的范畴。

社会教育的内容及各项内容所占的比例也在一定程度上反映了全社会的教育发展水平。这不仅是教育学者研究的课题，同时也是社会学者感兴趣的内容。

社会教育分成两个部分：一部分是社会教育机构专门为个体成长提供的教育机会，比如英语培训机构、运动俱乐部、读书俱乐部、美术培训，随着科技的发展，培训的方式也有很多从线下课程方式转移到线上教学；另外一部分就是社会机构也承载着的教育功能，比如博物馆、图书馆，通过展品和书籍向公众提供教育服务。还有一类社会机构，其主要职能并不是教育，但却可以被用作教育功能，比如老师带领学生参观消防队向消防人员学习消防知识，电影、电视剧、歌曲这些载体都能发挥着教育的作用，但它并不是作为教育目的而存在的。整个社会与国家的发展都承担着社会教育的作用。相比较学校教育，社会教育发展更快，也更灵活。通常来说，创新都是先从社会教育开始的。

在各个不同的时代，社会教育会根据科技的变革、教育行业的需求在内容上发生很大的变化。20 世纪 80 年代之前，我国的社会教育几乎处于空白，随着高考制度的恢复，一些社会教育开始孕育而生，开始把眼光放在补习上。90 年代时期，社会教育中开始出现了艺术类别，比如钢琴、小提琴、手风琴等音乐培训，舞蹈、唱歌的培训，这些培训基本都在各地的少年宫进行，可以说，90 年代的少年宫是国内最大的社会教育机构。2000 年以后，越来越多的求学者要到国外，于是国外的英语考试培训开始迎来了突飞猛进的增长，而现在的社会教育更是百花齐放，从通识教育到戏剧教育，再从创客到科学实践。社会教育内容的变化实际反映了父母需求的变化，而让父母需求产生变化的原因则是认知的升级，以及学校教育发生的变化。

社会的发展会引领父母对于教育的认知，或者说是帮助父母不断认清要培养什么样的孩子才能满足孩子全面发展的需求，以及社会发展的需求，在这种情况下，父母能够为孩子选择最合适的学校教育。毕竟，父母需要考虑自己的家庭经济情况和家庭资源。当父母的认知提升，经济水平也提高了，父母就不甘于学校教育提供的内容，而是渴望通过社会教育来补充学校教育所不能及的地方。

一个国家社会教育的发展是跟随着时代的发展而变化的，同时也反映了各个国家对教育的看法。只有当家庭教育成为核心，学校教育和社会教育作为家庭教育的支持者和帮助者，才能形成一个积极的生态圈。

因为，个体在成长中，家庭是他无法回避和选择的，家庭是对个体成长的责任人。家庭能够选择学校教育和社会教育，但是学校教育无法决定社会教育和家庭教育，社会教育的发展需要家庭的支持。

如果家庭教育能够认识到个人发展的科学规律，能够认识到多元化的评价标准对个人的重大影响,就能带动学校教育和社会教育的发展。

这对父母成长的要求很高，这也是我们要面临的挑战。

现在，我们遇到的最大困难就是学校教育成为了个人发展的主导。但是学校的变革需要很长的时间，这个节奏和时代快速发展及个人发展需求变化的速度不一致。

学校成为了教育核心，就是个人成长的教育指挥棒，家庭教育就会为学校教育服务，但是学校教育必然不能满足个体成长的所有需求，当学校教育看重考试成绩的时候，就会引导家庭教育也看重技能和考试成绩。学生在学校教育中没有办法得到补充的部分在家庭中也不能获得。而家庭教育对社会教育又有绝对的选择权，于是社会上产生了大量的规模化的满足技能考试的培训机构。

所以，孩子的成长形成了一个怪圈，就是家庭、学校、社会教育形成了一个完全重合的区域。孩子的成长必然会有很大的缺失，而这个缺失会在将来带来巨大的影响。

因为学校教育在指挥家庭和社会，于是，学校教育的目标就成为了全部宗旨，但是要知道，学校无法承担这么多的责任，并且当学校意识到自己需要改革的时候，又受困于自己要改变需要更长的时间。假设个人成长需要100%，父母对这100%的理解越多，就能做得越多。如果一个家庭认识到90%，然后能够尽可能选择和这90%吻合的学校，当然世界上没有这么好的事，如果选择的学校能满足父母要求的60%，那么家庭就需要在社会上寻找学校无法满足的30%。这样的一种合作关系是最佳的状态，既能保证家庭教育的核心，又能保证通过与学校和社会的合作来帮助孩子的成长。

目前的情况是，由于父母没有认识到个人成长应该有多元化的评价标准，也没有认识到家庭教育的核心，于是把最重要的权利交给了学校。而学校完全承受不了这样的压力。

家庭拥有了对社会教育的绝对选择权，如果学校教育在指挥家庭，那就意味着，社会教育势必会和学校教育强调的内容完全重合。

成长教育强调的系统性就是想打破成年人固有的思维惯性。这需要从一个更长远的将来进行目前的选择，有一些选择看上去对现在没有能够外显的价值，但却对人的一生意义非凡。

系统性的特点帮助我们综合规划孩子的教育内容，成长教育强调在一个系统下，家庭教育、学校教学和社会教育各司其职，三种类型的教育需要互相配合，互为补充。这样才能为孩子提供完整的教育。

长期以来，我们把所有教育责任都交给了学校，忽视了家庭教育的重要性，这样的一种忽视导致了孩子成长中的结构失衡，也引发了很多矛盾。

家庭教育是个人成长的核心，我们一生会更换不同的学校，会选择不同的社会教育，但家庭只有一个。只有当我们认识到家庭教育的重要性，才能更自信地面对对学校和社会教育的选择，才能做到积极主动地教育。

一个家庭中，父母的价值观和教育价值观会在他们为孩子制订的学习计划中完全地呈现出来。遗憾的是，拥有选择权的父母并未在思想上形成这样的系统意识和概念，并没有让家庭、学校和社会形成一个互为帮助和补充的体系。

从社会教育来说，也没有站在个人成长的角度，为孩子提供补充学校教育不足的内容。一方面，父母不知道怎么选择，也没有可以选择的内容；另一方面，社会教育机构并没有承担为孩子在学校教育中无法获得满足的补充。原因有意识层面没有认知的问题，同样也有商业利益驱动的问题。

成长教育需要帮助父母对孩子的教育进行系统的规划，帮助父母把家庭教育、学校教育、社会教育进行结合，因为任何一方都无法满足孩子成长的全部需要。成长教育能够帮助家庭完成教育规划，同时，成长教育也需要通过社会教育的方式，更好地补充学校教育未能涉及和不充分的内容。

我们来看看国内的情况。学校重视学习成绩，用学习成绩评价孩子，这样的评价给孩子和父母带来极大的压力，学校不断强调成绩的重要性，并且需要父母配合和支持。成绩好的孩子渴望保持优势，成绩不好的孩子想要赶上队伍，于是家庭就需要选择利用业余时间给孩子补课。周一到周五，孩子在学校学习语文、数学、英语，周六周日，在社会教育的机构学习语文、数学、英语，每周没有休息。于是，学校重视的内容得到充分的学习，而学校忽视的55%的隐性能力在社会教育中没有得到发展，因为社会教育需要经济的带动，作为大部分需要养活自己的教育机构来说，这真的是一个严峻的选择。

所以，如果我们想要帮助孩子更好地成长，最重要的方法就是提升父母对教育的认知，对家庭教育核心地位的认识，能够合理地组成学校教育与社会教育之间的合作关系。当家庭教育有了更多的需求，就能带动更多的社会教育朝积极健康的方向发展，而不是仅仅为了满足学校的需求。

那么，社会教育中就没有那些追随教育理想，看到学校教育的不足，想要做这样尝试的个人和机构吗？

当然有，但是要生存下来，并且不忘初心是非常困难的，因为父母的选择放在那里。这些机构的机会存在于父母认知的提升中。

2003年，我建立上濒的时候，朋友和家人一致反对，只有两三个好友支持我为了心中的理想做一次尝试。一路走来的15年，每次我都会感谢孩子的父母们，因为是他们选择了我们这样一家不直接和孩子的学习成绩挂钩的教育机构，也许我们是中国现存的创建时间最早的非学科教育的教育机构了。从2003年开始，我们用了15年的时间完成了一次带有试验性质的教育实践，从通识教育、营地教育开始，到逐渐丰富的研究项目，每一个都在帮助孩子提升软实力。至今，有3081个孩子从上濒走向更广阔的世界。在他们的身上，我们已经看到这些“软实力”的价值。在中国，3081个家庭对于一个成立15年的教育机构来说，实在是太少了。但是我们和每一个家庭在一起最少3年，最多10年。然而这样的一个深度又是极其难得的，相当于我们做了一个极其有深度的田野调查。

内容和方式是我在2003年思考最多的内容，多元化的成长目标在我心中已经有了清晰的认识，那么从社会教育的角度，我需要研究学校给孩子提供了什么，我要做的是学校没有提供的部分。这是我的理想，用最大的努力让更多的人在成长的道路上尽可能靠近100%，尽管这个理想很难实现。

这，也是“上濒”名字由来的原因之一，“上”是顶点，“濒”是无限接近。我们的存在就是在无限地接近这100%。

焦虑，是中国教育的一个核心词。

2002年，我刚回到北京，花了一周的时间去北京的学校门口看孩子们上学、放学。我站在学校门口，看着孩子们从校门走出来，家长迎上去帮着拿书包，有的直接将孩子接到了另外的补习班，有的赶紧将孩子带回家做作业。孩子们离开学校兴奋的表情在瞬间就消失了。

周末，各个培训班都挤满了人，孩子们坐在教室的前排，后排坐着家长。一看笔记本，爸妈比孩子还积极，从学习态度上根本分不出到底谁是真正的学生。

与培训班形成对比的则是运动场上没有人，博物馆里鲜有孩子的身影。报纸上各种记忆力培训班、英语培训班、大脑培训班的广告占领了各大版面。

属于社会教育的上濒，我们能为孩子的成长提供哪些内容，用什么样的方式提供呢？

我们的孩子不缺乏聪明的大脑，但是缺乏独立思考的机会；我们的孩子内心渴望独立，但却没有体验独立的机会；他们渴望了解自己实现自己的梦想，可是从没有人问过他们内心的想法。

2003年，我带领着上濒的团队开始了通识教育和营地教育在中国的实践，也是创新。通识教育，也叫作博雅教育，强调两个方面，一是对世界有更多的了解，并且能在了解的过程中形成独立思考，对价值的认知，对自己的认识以及有效的沟通表达。通识教育从美国的常青藤大学开始，逐渐被很多大学普遍使用。开设通识教育对教育者和学习者的要求都很高，因为要求教育者和学习者在课程中能够形成思想的碰撞、互动，需要有一定的知识积累才能在社会伦理、哲学、历史、自然科学等内容中形成有价值的思考和表达。

为什么通识教育是创新呢？因为需要把通识教育的教学内容和教学方式转变成与6~16岁的青少年科学成长规律一致的执行方案。这是一个需要不断创新、实践再创新的过程。

营地教育也是经历了研发、执行、再研发的过程。我们的孩子太需要这样的释放了。时至今日，越来越多的机构也开始投入到营地教育中来，百花齐放的同时也需要父母能够进行理智的选择。

经过5年的实践，也是一个课程周期的循环，我们看到了孩子的进步，同时也意识到家庭教育是个人成长的关键，于是开始设计帮助孩子提升的课程，同时也研究帮助教育者提升的项目。

15年的实践之路不算长，但是对于一个要养活自己的社会教育机构来说，也不短。随着互联网技术的发展，我们也开始通过更多的方式实践教育项目。比如，通过新媒体的方式制作了《兰海说成长》的节目，希望通过孩子们的烦恼让我们更多地关注孩子的内心感受而不是成绩。同时制作了全国第一个覆盖0~18岁全年龄段的父母学习App“兰海说成长”，通过视频、音频和文字的方式帮助父母更好地学习家庭教育，通过自己的提升更好地帮助孩子成长。

在过去的15年，我看到很多类似的机构创办，但因为市场的原因，坚持不下去。但是近两年，这种现象开始有了变化，越来越多的教育项目出现，有些阅读项目或者是网络学习项目可以说增加了社会教育的丰富性。

在这里我不得不提及一个我非常尊敬的“博物馆项目”，项目的创始人张鹏，是我认识很久的朋友，他自己在各大博物馆给孩子们讲展览并坚持了数十年，每一个周末都能在博物馆看到他的身影。3年前，他建立了以博物馆内容为主的教育项目，他非常了不起，学习能力很强，非常执着。

在美国攻读音乐的冯向青老师回国后在2010年成立了“百合花开”艺术团，帮助很多孩子通过唱歌这种艺术形式表达自己，帮助别人，享受在歌唱中的快乐。

不仅是这样的专业教育机构带来了更多的生机，还有一些泛社会教育项目也带来了信号。

比如说“有养”，它是一家在2016年由原来中央电视台主持人周洲创办的父母教育平台，以新一代父母的成长教育为切入点，引领新一代父母育儿观念及教养方式的全面升级，通过网综、短视频、线下活动等形式，以高品质的父母教育内容、成长资源与教育产品形成有养的多维度内容。“有养”从社会化的角度帮助大众更好地理解孩子的成长及父母和教育者的观点。

这些机构的出现在释放一个信号，父母的需求开始逐渐发生了改变，从原来完全与学校重合到现在开始意识到需要寻找社会教育机构来补充学校无法提供的内容。父母需求发生变化的原因来自于两个方面：大量外部信息的输入及父母对于自身成长的思考。

而这些机构也需要帮助父母的认知升级，这样才能帮助父母意识到自己才是孩子成长的核心，其他的教育者都是父母们的助手。

第6节　合作：孩子、父母和教育者的最佳互动关系，也是能够创造幸福的关系

成长教育认为合作是孩子、父母和教育者的最佳互动关系，也是能够创造幸福的关系。孩子、父母和教育者形成了最紧密的教育关系圈，只有三者之间形成合作关系，才能让孩子、父母和教育者在教育的道路上走得远，走得好。

在真实的生活中，这三者之间是一种指挥与被指挥的关系，这样的关系模式不利于教育长期的发展，不仅三种角色都没法获得成长，更重要的是这样的关系状态让我们彼此都没有幸福感。

父母的心态在孩子不同年龄段，面对不同的教育机构，发生了不同的变化。

孩子在幼儿园的时候，父母内心是最轻松的，因为对幼儿园老师的要求低，只要保证孩子安全就好，这样的低要求实际上反映的是父母对于孩子的早期发展没有那么重视，就觉得有个地方放孩子就行。

进入小学之后，父母对于学校的在意程度提升很多，老师的任何一个要求都会引起父母的绝对重视，就算心里有再多的不满，也会在行动上配合。父母们担心自己不配合，就会让老师在学校里不关注自己的孩子，让孩子不开心。

父母一方面采用“捧”的方式配合老师所有的要求，在微信群里各种恭维，如果有的父母提出自己和老师不同的想法，会被集体压制；

一方面内心是对老师有各种“怨”，怨老师什么都让父母管，怨老师的水平还没自己高。

难道父母内心的想法老师会不知道吗?

老师内心中完全了解父母行为背后的原因，是因为觉得孩子在老师的手里，所以什么都配合。这样的一种配合实际上是对老师的不尊重。而老师也因为这样无法获得来自于父母真实的评价和建议，也就无法提高水平。

我遇到这样一个家庭，孩子因为成绩下滑，父母来找我寻求帮助，如何提高孩子的学习成绩。我问了一圈情况之后发现，父母和老师的沟通极差，几乎没有和老师进行过深度交流，我问到学校老师关于孩子在学校的情况，成绩下滑的原因，老师的看法和建议，父母根本回答不上来。这个五年级的孩子，父母却从没和老师进行过深度沟通，哪怕学习下降，父母去找了补习班的老师，来找我分析，却忘记了找对孩子学校学习情况最了解的老师询问原因。

父母尴尬地看着我，说不知道和老师聊什么，既担心老师没时间，又觉得孩子成绩下滑给老师添麻烦。

可是，帮助孩子提高学习成绩不就是老师的分内工作吗?

我找这对父母要了老师的邮箱，用顾问的身份发了邮件，表达了对孩子成绩下滑的关注和想了解可以通过什么方式帮助孩子。老师当天就回复了邮件，老师对孩子的情况非常了解，也告诉了我孩子成绩下滑的原因。因为我在邮件中询问了和孩子父母沟通的状态，老师也直言不讳地告诉我，孩子的父母和老师的沟通很少，老师还以为父母根本不重视。

我特别能理解老师的感受，一个班 40 个孩子，每天需要处理的大事小情特别多，如果父母没有主动找老师了解情况，老师也很难顾得上。所以造成了一边是父母怕给老师添麻烦，一边是老师觉得父母不重视。但是，很多父母面对社会教育机构的态度就会有很大反差。父母觉得校外机构都是自己花钱，自己主动选的，所以就会不断地给老师提要求，并且插手到教学中。

在这种关系模式下的孩子到底是什么样呢？孩子也会遇到两种情况。

一种是持续被要求，总是被安排要做什么，要做到什么，但是极少知道原因。如果他想知道为什么，得到的答案就是一句："这些都是为你好。"

一种是持续要求别人，一旦成绩好，就觉得自己是老大，父母要为自己服务。

如果孩子知道自己的目标，能够看到父母和老师都在帮助自己，但是自己是最重要的承担人，情况会有什么变化呢？

对于上濒的每一个孩子，我们都会在成长教育模型的基础上，根据他的能力状态和课程内容制定一个成长目标。课程中的孩子，这个目标是半年调整一次，目标制定的过程是由授课老师观察孩子在课堂上的状态，并且与孩子的顾问进行沟通之后制定出 3~5 条，然后顾问与孩子父母沟通之后，在其中选择2条作为孩子在最近半年之内的目标。

这个目标会指导教育者的工作内容，也会成为教育者和父母主要沟通的话题。

在最开始的几年，我们犯了一个很大的错误。就是目标最后是需要孩子去实现的，虽然我们的观察和后续方案都是根据孩子的客观表现制定的，但是孩子确实没有被明确告知他的目标是什么。虽然在这样的情况下，孩子的目标在不断地被实现，但是确实让孩子有“被蒙在鼓里”的感受。如果我们想要更积极地调动孩子，而他又是执行人，他就更需要知道自己的目标，这样才能和老师之间形成配合。

当我发现这个中间的缺失后，首先在一个短期项目中做了尝试。

上濒有一个社会实践营地，每年会和40个小学四年级以上的孩子去到不同的国家，我们在通过与父母的沟通之后，又根据活动策划提供的机会，也制定了3~5个目标。和之前不同的是，在出发前，老师和孩子们进行很长时间的沟通，让他们了解这些目标的内容，并且让他们选择自己希望在接下来的20天中完成哪些具体的内容。

我发现，当孩子们清楚地知道自己的目标之后，对于很多任务的理解产生了更积极的心态。在营地进行到第十天，老师们还会和孩子们进行一次谈话，一起回顾在过去的10天中目标实现的情况，作为支持者的老师还需要提供什么样的帮助，孩子还需要做哪些调整，孩子和老师之间形成了一个合作小团队，一起完成这个共同的目标。

在营地的最后一天，我们还会和孩子围绕目标进行一次大总结，这个时候的总结要点放在了实践过程中孩子的状态、进步和积极的建议上。这也就是在过程中用目标激励孩子，结束时用过程评价孩子。这是非常重要的一点。

在营地结束的一个月内，上濒的老师还会把孩子在营地里发生的故事，对孩子的评价，以及目标完成的情况用电话、文字或面对面的方式与父母进行深度沟通。

由于孩子、父母和教育者都参与了目标的制定，并且把最终的决定权交给了孩子，这样的过程让孩子成为了目标的责任人，在执行目标的过程中，孩子的主动性增强，而教育者和父母则退到孩子的身后，成为了他的帮助者。

成长顾问成为了孩子的帮助者，这样的定位也让孩子和老师的关系变得融洽。当成长顾问不断提出要求，严格对待每一次任务时，从语言到态度都是在帮助孩子完成目标，于是一种合作互动的关系就产生了。

国际社会实践营地在过去的5年中取得了非常好的效果，孩子们深爱每年暑假的20天，这是上濒最辛苦、挑战最大的营地，也是孩子们收获最大、老师们最热爱、父母们最信任的营地。在我看来，最重要的就是孩子、教育者和父母围绕同一个目标建立起来的合作关系。

合作关系无法建立的背后，是我们彼此之间的不信任。父母不相信老师能够全心全意对待孩子，而老师也不信任父母对自己的评价都源自真诚，父母不信任孩子能够逐渐学会独立，而孩子也不信任父母和老师会对自己进行客观评价。

信任最难的就是谁先伸出自己的手。

在教育环境中，我认为三种角色需要有界限，才能彼此尊重信任，达成合作。

孩子、父母和教育者各司其职，才能帮助自己成长，也能促进孩子成长。

首先，我们需要知道每个人都有自己的责任，站好位子，不要跨界。

在这里，特别重要的是家庭成员之间的关系。

合作关系的前提是平等，这里提到的平等并不是绝对意义的相同，并不是说爸爸肩扛100斤米，妈妈也要肩扛100斤，才是平等。平等是尊重各自差异，尊重各自发言权，尊重各自的想法。在这样平等的前提下建立的合作关系才是健康的。

在现在的中国，我们经常谈到的是爸爸们参与得太少。但是问题出现在哪里呢?

我的一个男同事深夜加班回家。路上跟出租车司机聊天，司机得知他是做儿童成长教育这块的，司机说："一个大老爷们儿还搞什么儿童教育，像我家我就负责赚钱，养孩子、管孩子的事情都是我老婆在弄。"

受传统观念的影响，自古以来，"相夫教子"就应该是女性的事儿，使父亲在家庭教育中习惯放手。孩子们说，爸爸你再不陪我，我就长大了。在呼喊的背后，我们需要思考的是：为什么爸爸们不回家？爸爸们应该怎么回家？我们给爸爸留出回家的路了吗？

我们来回想一下，目前社会造就了丧偶式教育的各种场景。许多主打家庭用品的广告只是用女性的细腻和母性的关怀，来突出这款产品的情感属性。这种日用产品的购买对象往往是家庭中的女性，关键是这类广告实在太多，而且如此雷同，一个年轻妈妈和一个小儿子的参与，这些都展现出全由母亲一个人来担任育儿责任的育儿状态。

各种育儿书籍天天在讲一个好妈妈决定孩子的未来，关于如何做个好妈妈的读物越来越多，只要和亲子教育有关的网站多数都用女性视角起名字，比如妈妈网、妈妈帮、辣妈帮、智慧妈咪育儿等，相对而言，爸爸的角色则成了一个几乎被人遗忘的存在。育儿已经成为妈妈的事情，成为了考核妈妈的分数。丧偶式教育已经渐渐成为当今社会的主流，爸爸只负责在外赚钱，出门工作，回家睡觉。

我们一方面强调家庭教育需要爸爸，但又在强化妈妈和子女的关系，而社会同样没有给爸爸提供学习的资源与空间。搜索词条“强调爸爸在教育中的作用”只有160万个结果，而搜索词条“强调妈妈在教育中的作用”却多达250多万个结果。出版物主题以“妈妈”育儿为主题的内容远多于给爸爸看的育儿书籍。很明显的社会导向：妈妈需要学习，妈妈决定孩子的智力和发展，妈妈决定了孩子的一切。

那么，爸爸的位置在哪里？小学开家长会，一个30个人不到的班级，爸爸参加的能有 5 个就很好了。育儿的公众账号，关注者中妈妈所占的比例在 70% 以上。育儿书籍购买中，妈妈的购买比例大概是 80%。而在上濒机构开设的父母学习的课程中，经常一个班 40 个父母学员，爸爸只有 1~2 个人，他们被全班的妈妈视若珍宝。爸爸在班级里每一次发言，都获得掌声无数。但是每次他们的看法，妈妈们都会追问："你们为什么要这样想呢？"在无数个为什么的背后，我能感受到实际上妈妈们对男性的观点好奇，但是在她们各自的家庭生活中，她们又很难耐心地去询问"为什么"。

到底是爸爸主动放弃了自己的责任，还是社会浪潮让他们无奈地退出了家庭教育？

~ 家庭教育是合作关系，只是有一方往往被忽视 ~

面对家庭教育这项任务，爸爸、妈妈和孩子之间应该是合作关系。孩子的成长是需要三人互相配合、彼此支持才能完成的重要的任务。但是，目前在家庭中很难看到合作关系，而是一种指挥与被指挥的关系，嫌弃与被嫌弃的态度。

我有一个职场精英的朋友，在太太怀孕的时候告诉我，以后他每周一定要陪伴孩子 10 个小时。要知道他是可能每周工作时长长达 80 个小时的人。开始的时候他兴致勃勃，不断地询问我问题，然后执行。后来慢慢地电话少了，半年之后我打电话向他询问近况，他自嘲：还是工作可以解忧，并且说看来自己的价值还是体现在职场上。原因就是他的笨手笨脚让太太百般嫌弃，其实，这位妈妈对除了自己以外的所有人都不放心，或者说都在进行无数的挑剔。爸爸做得越多就能被挑出越多的毛病，最后直接导致妈妈把孩子抱走，不让爸爸插手。在无数埋怨挑剔的过程中，爸爸的积极状态被打压到沉默寡言，成了家里沉默的少数派。

其实，和所有的新手妈妈一样，爸爸面对新的角色也是陌生的，甚至惊慌失措的。他们也没有办法，不知道如何换尿布，不知道怎么喂奶，不知道怎么和孩子说话，怎么给孩子讲故事。不同的是，他们没有更好的资源可以学习这些最基础的内容。面对家里随时哭闹的新生儿，还要尽量安慰休息不好的妈妈们，此时，男人们就会显得手足无措。

在育儿观念上的冲突会引发激烈的争吵，最后爸爸们都退避三舍，多一事不如少一事。妈妈经常抱怨爸爸参与太少，会不断地问我怎么才能“教育”好爸爸，怎么才能让他改正错误。我问道：“你怎么判断爸爸是错误的呢？”“他对孩子要求太严格了，孩子才 10 岁，有时候做作业的时间超了不是很正常嘛。结果他非要孩子在规定的时间内做完，但是学校作业那么多，孩子那么辛苦，他也不心疼孩子。”

爸爸在妈妈面前几乎做什么都是错的。爸爸要求太严格，总让孩子去做危险的事情。妈妈总担心孩子受委屈，吓着孩子。认为爸爸简单粗暴，无法理解孩子的感受。争吵一旦开始，就一定要分出胜负。从观点不同开始，接下来就是“我牺牲了多少”的主题演讲，最后就是一句“孩子你就不用管了”结束这场战斗。

几场战斗下来，爸爸就从积极到消极，从参与到旁观了。但是我们却忘记了，妈妈站在自己总是对的角度去评判其他所有人。为什么现在很多男人都是“妈宝男”？难道妈妈们不反思吗？妈妈们更强调情与过程，爸爸们更在意理和结果。其实这没有绝对对错，而是要家庭之间的合作。

我进入过很多家庭观察。妈妈说爸爸不管孩子，我看到的是爸爸因为不知道怎么办而回避；妈妈说爸爸不回家，我看到了回家之后爸爸被各种挤对、责骂。我们能看到、听到、感受到妈妈的痛苦无助和申诉，却几乎看不到爸爸的抱怨，也许留给男人的都是无奈和忍下被视为无能的眼泪。妈妈通常都认为自己是100分，所有和自己不一样的意见都是错的，和自己不一样的方法都是乱来的。于是，当男性视角观点和女性不一样的时候，妈妈采用的就是不屑、不顾、不管的三不政策。

我们常常听到这样的语句：

“你为什么要让她爬电视桌？”

“太危险，你别老带孩子玩这个，来，上妈妈这儿！”

“他照顾孩子我不放心，还是我自己来吧！”

“你的胡子别扎着孩子，你轻点抱，慢点。”

“你看你，一点都不操心，出门都不知道给孩子加个衣服，冻着他了怎么办？”

……

妈妈不断在学习“接纳孩子的感受”“给予孩子更多发言的机

会”“帮助孩子学会质疑”“在意孩子的每一个付出与感受”。只是这一切都是她只面对孩子，而面对老公，就完全不是了。要知道，在育儿这条路上，爸爸也和孩子一样，刚刚起步。

妈妈的自以为是直接导致了爸爸脱离团队合作。队友之间缺乏理解，让爸爸彻底离开。

“四没爸爸”的痛苦谁能理解呢？

一没意识。男主外女主内的定义让家庭中出现了具体的性别分工，爸爸对自己的价值单一归为“挣钱”，给自己特别大的经济压力，而同时也轻视自己对孩子的影响力。

二没榜样。这是男人在成长中最大的缺失，也是造成现在男人长大后不会做爸爸的重要原因。男人缺失是有传统的，也就说现在的爸爸在自己当儿子的时候，身边就缺乏爸爸的陪伴，于是当他自己成了爸爸，也会理所当然地缺失在家庭中。

三没办法。爸爸是一个全新的角色，男性面对这个挑战的时候既没有榜样可以模仿，也没有足够的资源可以不断地学习。

四没鼓励。在参与育儿内容中，爸爸因为没有方法，所以被批评的多，被鼓励的少。而男人的感情内敛，又不会表达自己内心被认可的需求，鼓励越来越少，抱怨越来越多，最后的结果就是爸爸的不参与。因为在追求完美的这条路上，妈妈不仅逼走了自己的孩子，还逼走了自己的老公。

~ 教育中爸爸的作用 ~

就在妈妈不断抱怨，无限扩大自己能力的认知，爸爸不再参与的时候，团队中另外一个合作者，孩子，又是什么情况呢？

第一组数据来自美国父道组织的调查：美国70%的少年犯出自单亲家庭，60%的强奸犯、72%的少年凶杀犯、70%的长期服役犯人来自无父家庭，90%的无家可归和离家出走的孩子来自无父家庭，戒毒中心有75%的青少年来自无父家庭，80%的强奸犯的动机来源于无父家庭转移的愤怒。

第二组数据来自美国前总统奥巴马，在2008年父亲节讲演时他引用了这样一组统计数据：生活中没有父亲的孩子将来落入贫困或犯罪的可能性比一般孩子高出5倍，他们将来弃学的可能性高出9倍，将来被关进监狱的可能性高出20倍。他们更有可能出现行为问题，更有可能离家出走，更有可能在未成年时就当上父母。

第三组数据来自中国，北京军区总医院青少年成长基地近些年研究发现：孩子成长过程中出现的行为问题和成瘾性的人格特点，其首要责任在父亲。该基地对所收治的网络成瘾病例的统计发现，排名第一的伤害是父爱缺失，占87%。

以上这些都展现出爸爸是儿童性别角色发展的重要基础，父亲角色在孩子人格发展中的作用在于：能提高孩子在社会中的抗衡能力，是孩子智力发展的特殊催化剂，能缓解母子之间的关系。

0~6岁，爸爸的参与能让孩子感受到巨大的安全感；6~12岁，则能帮助孩子能够有更多思考的多样性与空间。有了前两个年龄段的基础，到了青春期，爸爸能够连接更广大的世界。

孩子比妈妈想象的还需要爸爸！！！

如果团队合作无法形成，每个人在团队中无法找到自己的位置，归属感也无法发挥作用，每个角色都会有所损失。而在不同的时期，这个团队发挥的作用各自不同，比如，孩子最初是被照顾者，成年后却转变成为照顾父母的角色。

一项教育部的家庭教育课题，对幼儿园、小学、初中学生父母影响力进行过大样本量的调查，发现了很值得思考的现象：从孩子 5 岁到他上小学三年级，孩子愿意听母亲教育的比例高于父亲很多，在三年级时达到了高峰。三年级以后，母亲的教育影响力急剧下降。到了初中二年级，愿意听父亲教育的比例已经超过了母亲。如果画出坐标图来，母亲的教育影响力是一条抛物线，父亲的教育影响力是一条缓缓上升的斜线。

小时候孩子们想和爸爸建立联结的时候，爸爸没有办法；青春期的孩子们渴求爸爸力量的时候，由于小时候缺乏情感联结，面对青春期的孩子，爸爸却没有机会了。到了孩子青春期的时候，妈妈的无能为力已经非常明显，此时再让爸爸介入为时已晚。

在我的职业经历中，最让我难过的就是青春期家庭中的痛苦。当妈妈不再管得了孩子，就会让爸爸回来管，这里的管实际上是要让孩子听话。但这个时候的孩子和常年不接触的爸爸之间早已有了间隙，爸爸突然觉得此时的孩子站起来比他高，力气比他大，他也“管”不动了。此时，无奈痛苦难以言表。

而有些孩子的表现则是痛苦想要挣脱被管束过紧的网，但是已经不具备这样的能力。

我们花费那么多的心思在孩子身上，为什么不花点心思研究怎么让团队中的另一个能够更多地参与。我们也许可以否定爸爸们的行为方式，但是我们一定不能否认他们对孩子的爱，同样，别人也不能否认我们的爱。

家庭需要鼓励爸爸的回归。社会要树立榜样，提供资源。家庭成员之间要多鼓励，妈妈需要表达期待和克制。或许爸爸有自己独特的带孩子的方法，要的只是鼓励和支持，还有一份信任。

作为教育者的我们，需要给爸爸提供更多的方法。每次，在上濒父母学习的课程中，我能看到更多的夫妻同行的学习者，在接送孩子的过程中，能看到爸妈一起陪伴孩子，我的心里都会有暖暖的感觉，自动脑补很多这家人在一起的温馨画面，以及未来这个家庭的种种可能。

前面提到的那个被司机取笑做儿童教育的同事在一次与朋友聚会中，给我发来一段视频。原来是6个大男人活生生地把一场酒局演变成了一场关于教育的讨论，直到饭店打烊还不肯散去。

不同于女人的情感表达，男人的爱比较含蓄，他们的避而不谈或者只是一种胆小的回避。他们需要更多的信任和鼓励，才能形成自己的思考。也许正因为想要证明，所以他们也会害怕失败。

在一个家庭团队中，每个人都可以投入参与，有了更多的信任与情感的交流，才能真正形成一个家。在团队合作中，最重要的是目标一致，这是家最最核心的地方，我们的目标要一致，最怕的就是一方的自以为是。

我们需要知道，女人对家庭的贡献不仅仅是做饭、做家务，而男人的价值绝对不只是赚钱养家。孩子们需要爸妈的合作，在家庭中是三种角色的合作，缺一不可。

我不是从男性视角，也不是从女性视角，而是从孩子成长的需要谈论自己的观点。孩子们需要的不只是妈妈，也不只是爸爸，而是一个能与爸妈产生联结的家。

就在我写这段文字的时候，我的朋友圈更新了一条信息。上濒的5个家庭组织了一次家庭聚会，叫作“WE TED ”，邀请了各自的爸爸来分享他们的工作内容和价值。爸爸们提前准备了很久，现场互动很多。有个妈妈说，孩子终于知道了爸爸的角色不是“司机”，重新认识了自己的爸爸，原来爸爸这么厉害。

小小的一个举动，让彼此的感受发生了变化，爸爸们在家里实现了价值，获得了认可，孩子们也有了榜样，这样的榜样可以帮助孩子们建立和社会联结的桥梁。

父母之间是合作关系，父母和孩子之间也是合作关系。

成长教育关注的是个体一生的成长，孩子会长大，父母会变老。照顾与被照顾在两者之间相互转变。“合作关系”意味着尊重，而不是“控制”，是有共同的目标，相互支持，共同承担。

家庭关系中的合作意识，能让孩子从小就感受到自己的权利和责任，也能让父母减少控制和因为控制引发的矛盾。

~ 孩子、父母、教育者的共同成长 ~

我们需要学习，学习中最基础的部分就是提升认知水平。家庭教育的核心地位让父母需要学会主导，并且懂得如何主导。教育者也需要根据时代的变化不断提高自己的教育方法和技巧，这样才能帮助孩子，也才能实现自己的价值提升。孩子就更需要学习了，不仅仅为了目前的生活，还有在未来，让自己成为更好的父母。

在学习当中最重要的就是认知水平的提升，人与人的差距就是认知的距离。如果我们能知道科学的成长规律，能够用多元化的评价标准来引导和帮助孩子，如果我们知道自己的价值，而不是任何事情都让老师来做，我们在其中就会获得无限的幸福感。

15 年过去了，我们有了共享单车，我们有了智能手机，我们有了更多的教育信息，我们有了更快捷的生活方式。但是，我们仍然焦虑。

幼儿园怎么选择，怎样能进更好的小学，到底什么时候让孩子出国读书？孩子不听话，玩游戏消耗太多时间，怎么办？各种辅导班，到底要报哪个？又想让孩子放松，但又不得不给孩子报更多的培训班。慢慢地，我们又开始意识到运动的重要性，只是在提高考试成绩，还是去踢足球之间，无奈选择辅导班。焦虑，只是换了一件衣服出现在我们面前。

到底焦虑从何而来？

焦虑主要源自两个方面，一个是对个体的评价过于短期和单一，一个是由于缺乏对科学成长规律的认识，当信息量越大传播越快的时候，我们缺乏对信息的判断能力，在大量信息中产生了巨大的患得患失的感觉，从而导致焦虑。

父母焦虑孩子的成绩分数，恍惚中觉得成绩不能决定一切，但同时又找不到出路，每天身边那么多信息却又无从下手，这样的焦虑时刻陪伴着父母的生活。

孩子也很焦虑，他们渴望成长，但是内心的自由被限制。除了学校学习他们渴望更多，但是周围的成年人只关注学习成绩的提高，由此引发了家庭中的巨大矛盾，孩子成长中的内心需求没有得到满足，能力没有得到发展。

教育者也很焦虑，教育者在不断提高自己的教育能力，有远见的教育者想给孩子海洋，可是父母只要海洋里的一碗水。

孩子、父母、教育者的焦虑都需要解决，才能带来教育水平上的全面提升。如果只解决一个角色的焦虑，实际上还是无法建立长期稳定的系统。如果只有教育者认识到教育的长期性，而父母不转变，就会形成目标上的不一致，产生巨大矛盾，而孩子也没有办法得到真正的提高。我认识很多充满教育理想的老师，当他们在学校里设计很多有趣的教育活动时，也会降低对学习成绩的评价。但是这样的设计有时候没有得到父母的理解，父母发现作业少了，特别是和周围孩子一比，发现作业量少了太多。父母陷入了焦虑之中，对于这种情况，又不太敢与学校老师交流。于是，很多父母选择了报校外辅导班。

再来看看孩子，由于父母和老师在目标上没有达成一致。所以，学校给孩子的学习任务减少，但又在课外被父母补充回来。所以，孩子付出了更多的时间。于是，有很多父母抱怨，还不如回到从前，不要减负，老师就布置作业就好，这样也不用在外面找补习班。存在这种想法的父母不少，当由于我们的认知局限而没有办法认识到价值时，就会觉得还不如回到过去。

其实，每一个变革都会面对困难。父母意识到学业评价并不能满足孩子成长的所有需求，就会对学校的需求发生变化。如果学校无法匹配父母已经转变的意识，就会产生很多矛盾。父母只有向外寻求帮助，比如社会教育机构。社会教育机构中大量的是“补课”机构，父母对教育的需求也许无法满足，而自己又无法提供。最后，孩子就在这样的矛盾中长大了。所以，我们需要让孩子、父母、教育者都共同认识到教育是在长期发展过程中建立的全面评价，而不是简单的分数，这也是成长教育的特点之一，教育的长期性。

当我们认识到教育是一个长期过程，我们需要根据科学成长规律来做出各个阶段孩子不同成长目标的评价，我们能减轻焦虑。社会中每个人都是教育的参与者，年少时候的我们接受了教育，成为父母的我们，给予了孩子教育。所以我们每个人对教育都有发言权，都有一肚子话要说。100 个不同的家庭就有 100 个不同的孩子和父母。所以每个家庭的教育方法不同，孩子成长不同。

科学就是在这些不同中寻找规律，生理和心理上的不同却又有规律地呈现。2002 年回到北京的我，年轻、未婚、没有孩子，于是在很多场合直接要面对的就是“你不会懂的，自己都没有孩子，怎么懂教育”。从这样的评价中，我们能够获得一种信息，我们通常依靠自己的经验来看待教育，但是缺乏科学依据。教育是一门科学，不能仅凭经验。

15 年中我在每一次公众发言的机会中，都不遗余力地向公众表达教育的科学性。一次在谈及隔代教育的问题上，我半开玩笑地说：“你们都觉得长辈在教育上思想落后，行为错误。但同时你们又强调教育者的经验很重要。那么长辈们在经验上可比你们丰富，为什么你们有如此多的不满？”

随着全社会都在关注教育，每个人都有自己的发声渠道，我们就更加需要有鉴别能力。这种能力很大一部分来自于我们对个体科学成长规律的理解。就算谈不上对科学成长规律的理解，哪怕了解一点，也能增加我们的判断效率。但是，要想运用科学的成长规律，那么思想的惯性就是培养我们教育科学性的最大障碍。我们喜欢的不一定是正常的，我们不喜欢的也许恰恰是正常的。

这句话恰恰反映了当思考的惯性遇上科学之后的化学反应。

现在很流行一种说法，叫作“可怕的两岁”，确实两岁的孩子学会了走路，对世界充满了好奇，开始不那么听话，甚至还会反抗，父母开始觉得孩子不好控制，不好好听话。还有很多人问我：“兰海，难道我的孩子两岁就进入了逆反期吗？这样太可怕了。”

让我们一起来还原被称为“逆反”的现象。

18个月以后的孩子，嘴里开始喜欢说“不”，我不要，我不吃，我不听，我不睡。

在家里，宝宝们喜欢把东西扔在地上，当你捡起来放回桌上，你对宝宝说：“记住不要再扔了。”宝宝点头，等你一回头，他就又一次把东西扔在地上。这样的情形会反复很多次，直到你气急败坏，筋疲力尽，宝宝还是在不断重复。这样“反”着做的行为在孩子18个月之后开始增多，爸妈们开始抓狂，认为孩子的逆反期提前。

其实，这是一种正常的儿童发展过程。婴幼儿18个月之后，他们的“自我意识”开始萌芽，他们内心中渴望有“我”的存在，他们需要证明自己是有指挥权的。所以他们通过这样的“不”和对家人的“要求”来证明自己的存在。而“自我意识”的萌芽开启了孩子的表达意愿、行为意愿。这是一切以“我”为起点的思考和行为。

如果我们对科学的成长有所了解，我们就不会焦虑，更重要的是我们会满足孩子成长的需求，在生活中给孩子空间，让他的自我意识在点滴生活中得到充分的提高。当自我意识得到满足之后，孩子表达的愿望就会变得更强烈，我们常说的主动性就会慢慢地长在孩子身上了。显而易见，科学地了解成长规律不仅可以缓解父母的焦虑，还能为孩子提供更好的成长机会。

~ 面对青春期的孩子 ~

由于生命在早期发展时期需要的教育在国内发展已经有了一定普及，父母开始通过各种讲座内容科普信息来逐步理解孩子的需求。但是对于青春期孩子的需求仍然不理解，把“青春期”看作洪水猛兽的成年人不在少数。

进入青春期，孩子的生理状态发生变化，大脑神经元也开始出现不同的断裂和重新连接，心理需求也呈现出更多的向外需求。青春期的孩子们内心渴望独立，但同时又依赖父母，他们渴望成为社会人，却又缺乏通往社会的桥梁。他们开始向往学校之外的世界，他们渴望成功，渴望有朋友。显然，学校已经无法满足青春期孩子们成长的需求，而孩子们的扩张性却让父母紧张。他们越想控制孩子，就越缩小孩子的生活范围，这样的结果只能导致孩子的反抗。

青春期孩子需要更广阔的世界，他们需要更多可以质疑的机会，可以表达不同意见的机会，他们需要更多地走出学校与外面广阔的世界连接。如果我们能够顺应孩子在这个阶段的成长需求，根据他们的特点提供更好的环境和机会，我们才能帮助孩子更好地成长。

青春期没有过逆反行为的孩子，或者说没有机会完全表达自己思想的个体都是没有得到充分发展的，这会给他以后的人生埋下伏笔。我们不会因为孩子的逆反而倍感失败，反而会欢欣鼓舞地为他们的挑战鼓掌。只有当父母在教育上的认知水平不断提升，能够识别价值，才能鼓励更多的教育者提升自己的专业水平，才能有更多有才华的年轻人加入到教育者的队伍。

因为，爱，不止于爱，需要我们付出更多的时间和努力。

第7节　成长教育探寻：社会发展的变化对教育的影响

我于20世纪70年代出生在西南小城贵阳，大学毕业的时候国家已经不包大学生分配了，所以我开始自己寻找工作，而在我之前的大学毕业生都是由国家分配了好工作，根本不用操心工作问题。再看看现在，“包分配”“铁饭碗”这样的词根本就没有进入年青一代的大脑。他们生来就处于一个相对宽松但又竞争很激烈的环境，因为他们要面对的不再是自己出生的地方，而是整个世界。教育的本质不会改变，但是需要根据社会发展的变化创新家庭教育、学校教育和社会教育的组合方式。

在过去10年，越来越多的孩子迈出国门学习，而且求学孩子的年龄越来越小。为了满足这种学习变化的需求，在语言学习上的投入就加大了。但是仅有的语言提高就能帮助孩子顺利地进入国外读书吗？成长教育需要研究如何帮助孩子与国外的教育体系接轨，除了提高语言水平以外，在学习系统的对接上，在文化差异的弥补上，从成长教育的视角还需要做些什么工作才能帮助孩子们更好地完成在国外的学业，而不仅仅是身在国外长大。科技的发展会给我们的生活带来多大的变化？这样的变化从教育的角度应该如何做，怎么做才能达到更好？

互联网技术的发展解决了教育的一个大问题：教育公平性的问题。通过互联网技术，可以让边远山区和贫困地区的孩子们能够学习知识。在土耳其的“母亲儿童项目”是把母亲团队培训成相互支持的教育者，帮助妇女学习应该如何帮助孩子在早期发展上得到提升，直接影响 30 多万母亲及其孩子，还影响了政府的早期教育政策。

在中国也有很多英语教育项目通过线上教学实现了资源的最大化使用。但同样，互联网技术的发展也对教育提出了新的挑战。成长教育的多元化目标中，沟通表达是一项非常重要的能力，我们每个人都不是单独存在的，而是相互依存合作的社会动物。我们的幸福感受也会通过与别人的沟通表达获得。随着互联网技术的发展，我们把很多面对面的沟通都转移到网络上完成了。我们发现，那些特别擅长识别他人情绪的学生，在学校里的表现更加出色，他们没有人际交往焦虑，与同伴的关系更好，这些也是处于青春期阶段孩子的强烈需求。

2012 年在美国南加利福尼亚州的 51 名六年级的学生自愿参加一项实验，5 天完全没有使用任何电子设备，手机、平板电脑、音乐播放器、游戏、电视，任何一样带屏幕的设备都没有。这些孩子平时已经习惯了每天课外花 4 个半小时发信息、看电视和玩电玩，每天的这 4 个半小时大大减少了孩子们与他人交往的时间，尽管花费在电子设备上的时间当中有一部分是花在交往方面，但主要是书面或图片信息。孩子们识别他人情感的能力降低了不少。这5天里，心理学家用两项成熟的测试，在野营前后分别对着51个孩子进行了测量。经过5天面对面的交往，学生对情绪的观察和理解比以前大有改观。当今社会，培养情感沟通和表达能力已经显得特别重要了。

层出不穷的新技术、新科技让我们的教学方式可以很酷很炫，可以调动学习者的注意力，还可以通过众多数据帮助学习者分析自己的弱点，寻找到更好的主动学习方式。

最近受到热捧的线上英语教学解决了孩子们到机构上课的时间消耗，也让平等的教育资源能够走到大小不同的城市。这些优势放大的同时，一个孩子却给我描述了他在使用线上教学的苦恼。

“兰海，你知道吗？原来去上英语课，我还能在路上休息一下，还能在课上和同学们热闹一下，聊天放松多好。可现在每天都在网上学，我连和同学们一起聊天的时间都没有啊。而且，更可怕的是节约出来的时间又要去学别的了。”

科技的变化带来人机交流，但是人与人的交流如何实现呢？孩子们内心世界的需求怎么被满足呢？教育应该如何迎接这样的挑战呢？

比特币、区块链这些热词冲击着我们的生活，作为成年人的我们是否有更开放的心态来学习，是否有学习力来吸收这些新信息呢？互联网带来了生活的变化，而下一个变化则是人工智能带来的。我们不能预计将来的生活会是什么样，但我们能确认的是未来的世界一定会有很多改变，成长教育要做的就是在快速变化的世界中沉淀下来，研究社会发展的变化，并且帮我们每一个人做好迎接未来和创造世界的准备。

第8节　成长教育的价值

几天前，我的朋友花费上千万元购买了一套学区房，而早在一年前，他就开始调查各个学校情况，排名，周围小区，入学资格。并且询问认识的朋友，请教专家，整整忙碌了一年，而他的孩子今年只有两岁。

有经济实力的家庭能买学区房，能进好学校。但如果片区划分变了怎么办？进了好学校，遇到一个不够好的老师，怎么办？遇到了好老师，但是同学之间相处不好，怎么办？

政策的变化，优质的学校，能力强的老师，这些都是外部资源。我们掌握不了，是被动的一方。当我们无限地扩大学校的重要性，就会注定我们处于被牵制的一方。学校是重要，但是决定孩子成长的是家庭。

最近5年，随着中国经济的发展，教育格局正在发生着变化。越来越多的家庭在选择学校教育时，开始更多从中国延伸到国外。在20世纪90年代，中国留学生还是集中在依靠奖学金到国外就读，而且几乎以研究生、博士生为主。而现在，自费留学成为海外求学的主力军，到国外留学提前到中学甚至小学阶段。并且留学国家也不再仅仅是美国，很多其他国家也加入了留学目的国的行列，英国、法国、德国、新西兰、日本。

越来越多的家庭在教育规划和策略上有了更多选择方向与机会，这个现象不仅体现在国外学校的选择上，同样适用于国内。学校的设立也从单一的公立学校发展到现在私立学校、国际学校并存。

什么样的学校适合孩子，适合父母，适合家庭呢？成长教育在“法”上能够帮助父母从一个系统的角度思考和选择。这些由于社会发展而出现的教育可能性带来了选择福利的同时，也带来了选择困难。

运动、艺术是教育中非常重要的内容。教育对运动和艺术教育的重视不同也体现了国家与国家的不同。以美国为例，在学校的课程体系中，运动占有很大的比重。公立学校的体育课有不同的内容，有各种比赛，在私立高中对运动也更为重视，每天2小时的体育课，跟随季节不同更换的运动项目，密集的赛事。在中国，对运动的重视在最近几年才得到发展。我们能够看到这样的发展不仅仅是学校单方面的，而是整个社会对于运动的重视。运动不仅是强身健体，还能在能力层面和心理层面帮助个人成长，但是对于运动价值的认识我们才刚刚开始，运动教育也还处于启蒙阶段。

这些发展中的教育内容都需要我们能够更全面地认识它，每个国家发展不同，节奏不同。想象一下在这些众多的信息轰炸下，我们的选择机会将会越来越多，如果我们总被外部资源牵制，或者是毫无思想地盲目追随，我们将会被无限的信息淹没，不知道怎么选，或者把主动权完全交出去，这样的风险极大。

父母和家庭成员的强大才是给予孩子最有价值的“营养”，成长教育认为家庭教育是核心，父母应该掌握教育的主动权，承担责任。

这样的核心价值观让成长教育掌握着个人成长的主动权，让每一个人不再抱怨外部资源的缺乏，而是把重心放在家庭的内部资源提升上。

很多年前发生的一件事，一直定格在我的脑海里。有一次回到家乡，一位阿姨来找我聊聊孩子准备出国留学的事。看了孩子的档案资料，我并不认为这个孩子适合到国外读书。孩子在国内的学业水平不高，学习能力也不强，并沉迷于网络小说，成天把自己关在家里不出门交朋友。阿姨想把孩子送出国，解决孩子读大学的问题。我了解情况之后，问阿姨是否考虑过孩子到国外之后能否把书读好的问题。阿姨想也没想就回答我，这个问题不重要，现在要解决的是让孩子出国的问题，其他的都不考虑。

这种现象并不少见，我们固有的思维是“给孩子最好的”，而没有习惯去思考“给孩子最合适的”，我们习惯把孩子送上一个台阶，却经常忘记是否帮助孩子适应到达台阶上的生活。我们看待孩子的成长，不能以小时候能认多少字，能做多少数学题，是否上了名校作为评价标准，而要从科学规律的角度去看待孩子在每个阶段的成长。

成长教育的价值在于能够让我们所有人站得高，不局限在某一点，能够系统地看待一个人的成长。当我们把格局放大，就会减少目前暂时的焦虑，心态的放松会带来家庭环境的愉悦。成长教育强调的合作关系让参与教育的三个角色都能感受平等和尊重，从而带来幸福的感受。

因为成长教育帮助个体成长，所以它需要包含孩子、父母和教育者的成长，成长教育通过家庭教育、学校教育及社会教育帮助每一个社会人来实现成长。从个体到群体的关注，从家庭到社会教育的研究，我们不难发现，我们每个人都是社会环境下的一分子，我们需要研究家庭，家庭关系对个体成长的影响，父母认知对个体成长的影响，个体成长对父母的影响。家庭中的每一个角色都是互相影响的。

成长教育不再单一关心孩子的成长，还关注父母和教育者的成长。因为被关注的孩子就是未来的父母，而父母就是过去的孩子，教育者的成长和需求也同样需要得到重视。在成长教育的体系中，孩子、父母和教育者三者之间是合作关系。任何一方的发展变化都是成长教育所重视的内容，三者缺一不可。当三者之间的合作关系确认，我们能看到的是一种合作，为了相同目标而努力。

只有当每一种角色都能获得尊重和进步，这样的关系才能长远、健康。教育的过程应该是幸福的，应该在每一分钟都留下幸福的味道，这也是成长教育追求的目标。成长教育是一种开放的体系，只要教育内容和方式能够满足科学、长期、系统的特点，只要在教学过程中是合作态度，成长教育体系都是欢迎的。社会的进步推动着教育的发展，教育是为了帮助个体更好地生活。所以不研究社会发展对于个人的需求是不完整的教育。成长教育会跟随社会的发展而不断进步从而更贴近个人的需求。

成长教育中，孩子、父母和教育者之间是合作关系。为了共同的成长目标，孩子、父母和教育者一起合作。家庭教育、学校教育与社会教育之间也是合作关系。在这样的合作关系中，孩子、父母和教育者之间需要互动才能完成合作，这三种身份角色实际上是互相转变的关系。

个体成长中，亲子关系、师生关系和同伴关系形成了个体的社会关系。这三种关系相互影响又彼此独立，在个体成长的每个阶段发挥着不同的作用，并具有不同的价值。

成长教育不是静态，而是不断发展的动态。因为成长教育关注的是全人的成长，是人一生的成长，所以只要志同道合的教育项目都是成长教育欢迎的内容，为个体成长服务。在教育价值观一致，在教育内容和教育方式上符合科学的成长规律，成长教育对这些教育项目是非常欢迎的。

成长教育需要研究社会的发展，并且跟随社会发展为个体提供发生着改变的教育内容和方式。科技的发展、互联网技术的运用也在改变我们的生活，这样的改变让我们考虑如何使用新技术的力量更好地帮助孩子、父母和教育者成长。

科技发展带来的是教育工具的改变。最早人类通过图案来传递信息，然后通过文字，现在则用“屏幕”，用互联网。这些工具的产生加速了信息传播方式的改变，也要求教育方式的改变，也就是“方法”的改变。

孩子们接受这些改变非常快，但是成年人往往比孩子需要更多的时间，同时这也是他们在思想上的一个转变。一个有趣的现象就是父母更欢迎孩子看“纸书”，而孩子通过电脑、手机进行阅读，经常会被误会在玩，由此引发的矛盾冲突不断。教育者也需要根据工具的变化改变教学方式方法，这样才能更好地使用工具，而不是被工具使用。

时代的变化带来了教育策略上的改变，新工具的出现会让教学方式发生变化。

这些改变带来的有可能是积极正向的影响，同样也可能是消极负面的影响。父母和教育者都需要思考如何在变化中寻求突破，让这些变化产生积极的作用。

成长教育是动态发展的，同样也是开放积极的，这样的特点让成长教育充满了创造力，可以在不同时代创造出符合社会发展的教育项目。

全人终生、科学多元、合作系统和开放发展这四个特点让成长教育充满力量，让每个在成长教育体系中的个体充分掌握主动权，长远地看待个人成长，能够在幸福的过程中不断创造出更好的教育实践机会。更重要的是，让我们用全球化的视角研究在不同的社会发展时期家庭教育、学校教育和社会教育应该怎么做才能发挥更大的价值。

第2章 成长教育的“道”

第1节 什么是成长教育的“道”

成长教育是一个科学的，强调多元目标通过开放的合作方式帮助个人解决问题，实现成长的系统。我经常从“道、法、术、器”4个层次分析成长教育。一个完善的教育体系，在“道、法、术、器”上必须是一致的才能有效地推进目标的实现。对这4个层次的探索难度不同，研究方法不同，它对教育者和学习者的挑战也不同。我们需要一步一步地探索与挑战。在这里，先对“道、法、术、器”做一个概括性的描述。

“道”是科学成长规律，也是一种价值观、一种基本态度。“道”是不变的，科学的成长规律（心理、生理）是不变的，是有规律的，是客观存在的。与科学成长规律一致的价值观、方向，也是“道”。成长教育的“道”认为教育的本质不变，但需要根据时代的发展在教学方式和教育内容的比重上发生改变，需要帮助孩子、父母和教育者，家庭教育是核心，联合学校教育和社会教育实现个人成长，并且强调孩子、父母和教育者的合作。

“法”是策略，是规划，是基于“道”的方向和准则，使用的策略、规划，是一个更大的规律性。成长教育的“法”是规划，是父母关于家庭的规划，是教育者关于教育系统的规划，是孩子关于自我成长的规划。

第三个层次是“术”，是教育的方法和技巧，是基于“道”的方向和准则，满足策略和规划的方法、技巧。成长教育的“术”就是具体的教育教学方法，具体有效的实际操作。父母在家庭教育中的方法，教育者在研究和执行教育教学方案上的方法。

第四个层次是“器”，是载体，是承载“道、法、术”的一切载体。比如，讲座、书籍、课程、教具、体育用品、玩具、纸等。

我们希望孩子成为什么样的人？

幸福的人？有价值的人？对社会有贡献的人？

这些答案都不矛盾，它们可以同时存在。

如果我们能回答这个问题，那就能回答我们每个人心中的“道”。

我想，没有人会不同意我们都渴望获得幸福。但是可能幸福在100个人心中有100个不同的答案。

我做过一个实验，在我十几场的大型讲座中，我邀请几对夫妻分别说出他们希望孩子长大后成为什么样的人。他们不约而同地都说了“幸福”这个词。但是当我要求他们说出具体的事例来证明什么是“幸福”的时候，答案则完全不同。

有一个妈妈说：“幸福就是孩子可以环游世界，去到很多地方，可以有自己的家庭。”

她的先生听着太太的回复，摇着头，他接过话筒说：“幸福就是能够独立，能承担责任，能干一番大事业。”

所以当我们没有把一个抽象的“道”用具体的事或者指标说明白，我们在理解上就有可能产生巨大的差别。我们嘴上说着一样的语言，而各自在理解和行为上却千差万别，这也是很多人说的“价值观不同”。很多结婚多年的夫妻在离婚的时候，都分别说自己和对方价值观不一致。这样的不一致实际是在很多年实际的生活琐事中才会充分地暴露出来的。

在成长教育体系中，我把抽象的价值观和庞大的科学成长规律用具体的方式进行了描述。

“五有”是成长教育培养人的方向：对自己有认识，对人生有思考，对家庭有责任，对社会有贡献，对世界有态度。

这样的表达能够让很多人理解，但是从专业角度来说，仍然是非常抽象的，没有衡量和评价标准就无法指导家庭教育、学校教育和社会教育的开展。根据成长教育的“道”，我们在各个年龄阶段建立了评价体系，这个评价体系体现了各个年龄阶段个体的成长规律特点，也呈现了成长教育在个人发展中关注的内容。它并不是学科的分数，也不是学校的排名，而是在每个阶段中个体的综合发展。

成长教育的目标把抽象的“道”用具体概念呈现出来。根据个体发展的规律，我把评价体系分成了两个阶段，一个阶段是0~6岁，另外一个就是6岁以上。多元的评价标准和成长目标的呈现方式能够帮助我们判断孩子的行为，帮助孩子发展，选择最适合孩子的教育机构，以及思考合理的教育方法。

在成长教育的体系中，所有的教育研究和执行都需要根据科学成长规律来进行，这里不仅指学校或者社会教育机构的教育体系和老师，也指家庭教育的核心——父母。

第 2 节　0~6 岁的科学成长规律

0~6 岁是个体成长最快，也是外显变化最快的阶段，外显变化指的是外界能感受到的变化，我们经常用"一天一个样"来形容孩子的成长。

在人生最早的 6 年，个体在 10 个方面的成长非常重要。这 10 个方面是：自我意识、认知水平、大脑发展、安全感、感知觉、语言发展、情绪表达、好奇心、规则意识、社会化发展。

在 0~6 岁的这个年龄阶段，孩子们最重要的就是获得足够的刺激来满足成长的需要。刺激是通过外界的影响来引发个体在心理、能力和行为上发生改变。

美国国家科学院在一份重大研究课题的报告中这样写道："儿童成长的环境及其生活经验，会影响儿童早期发育的各个方面，从大脑结构的发育，到孩童的同情能力，都会受到影响。这种影响是潜移默化、不断叠加的，从胎儿时期就已经开始，一直持续到童年的早期。"最重要的是，早期的人生经验会进入我们的身体，深入我们的行动基因中。神经学的研究已经证明，婴儿的大脑天生具有从经验中学习的能力，因此，他们的成长环境从一开始就会直接影响到他们大脑组织的发育。而对于婴儿来说，最原始的生活经验就是同成年人回应的互动，一般来说，该角色主要是父母。有条件的互动学习，接发球一样的互动，来自父母的认知刺激，是孩子们最有效的学习手段。

这样的刺激对于0~6岁的婴幼儿来说，最主要的形式就是通过体验和探索去发生的。可想而知，父母和教育者都是发生这种刺激的源头。

比如说，在孩子特别小的时候，我们可以让他躺在床上，用双手来抚摩他，增加他的触感。还可以通过和孩子玩玩具，在玩的过程中告诉孩子玩具的颜色和形状，来刺激孩子视觉的发展和认知。因为玩具有各种不同的材料，让孩子通过触摸感受软、硬、光滑、粗糙。在孩子体会这些不同的时候，我们用语言来描述这些感受。我们拿冰箱里面比较凉的东西给他，跟他讲这是冷的，然后在吃饭的时候给他盛碗饭，告诉他这是热的。这些行为都在帮助孩子在大脑中把这些感觉和语言建立联结。

当孩子在获得这样的刺激之后，我们怎么样去判断孩子在这方面的能力和他的这种生理发育上是否获得了刺激呢？此时，并不是从我们通常认为的“学会”的角度，而是从孩子是否有反应的角度来判断。

在早期阶段，婴幼儿的语言发展决定他们不能通过语言完整或准确地表达，他们会用表情或者动作来释放自己的“反应”。比如，笑、哭、盯着看、皱眉头，又或者摇头、躲藏起来。这些细微动作都是孩子的反应。

我看了，我看见了，我感受到了孩子的反应，这是3种不同的状态，特别是在孩子小的时候，通常情况下孩子最愿意用他最便捷的方式，即叫、哭、笑等来表达自己。但是很多时候我们会把尖叫和哭简单地认为孩子在表达他生气了，他不舒服了，却没有真正地去看一下，他的这个哭闹有可能是在与我们进行交流，他是想把信息传递给我们。我们一起了解在人类发展的早期阶段，我们都需要有哪些变化。

第3节　感知觉

感知觉分为感觉和知觉。感觉是个体察觉到刺激，并将信息编码传递到大脑的过程。知觉是个体把感觉到的内容传入到大脑之后，大脑重新进行编码，再把它确认的一个过程。

感觉包括视觉、听觉、嗅觉、味觉和触觉所获得的客观事物的形状与色彩、声音、气味和味道。

知觉分为3个：空间知觉、时间知觉、运动知觉。空间知觉是物体的空间特性（形状、大小、远近、方位等）在人脑中的反映。时间知觉是客观对象的持续时间、速度和顺序在人脑中的反映。运动知觉是物体在空间位移、移动速度及人体自身运动状态在人脑中的反映，是由视觉、听觉、肤觉、平衡觉、机体觉、运动觉等系统协同、参与的结果。

我们用生活中常见的现象来解释这些晦涩的理论：我看到了红色的苹果，我闻到了苹果的味道，我吃到了甜甜的苹果，我摸到苹果是硬硬的——这些现象都是感觉。我看到苹果离我很近，在我的左边；我把球扔给远处的爸爸；我已经很看了10分钟的书了——这3种现象就是空间知觉、运动知觉和时间知觉的展现。

从这几个例子可以看到，感觉是知觉的基础，而知觉的发展都需要从“我”的角度进行描述和判断，也就意味着空间知觉的判断是在孩子们开始建立自我意识之后才逐渐发展起来的，也就是说18个月左右孩子们才能真正开始发展空间知觉。

这些信息让我们知道在幼儿时期，为孩子提供多种物品让他们去摸、去看、去尝，都属于有价值的刺激。也许孩子们还没有办法用语言表达“红色的苹果”，但是在他的大脑中对这些物品已经有了认知。

我们可以用不同的方式对孩子们进行刺激，但是所有的刺激都要适度，要符合他的生理发展的需要。

我们尝试用玩具在1岁的孩子面前挪动，孩子会被吸引，我们左右移动玩具，孩子的眼睛会跟着玩具移动，视觉上的刺激就已经开始了。如果这个玩具能发出声响，那么听觉刺激也就发生了。

我们一起来看看下面的这个行为。

1. 准备一个红色的，摇动时有声响的玩具。

2. 距离孩子一定距离，在孩子身后摇响这个玩具。

3. 孩子回头寻找这个玩具。

4. 判断有一定距离，孩子要爬过去。

5. 在爬行过程中，父母不断地摇响玩具。

6. 孩子爬过去，摸到玩具。把玩具拿到手里，反复捏放，还有可能放在嘴里咀嚼。

7. 父母用语言表达："你拿到的这个玩具是红色的，捏起来很软吧，摇起来的声音叮叮当当的。"

通过以上的步骤，我们完成了对孩子视觉、听觉、触觉的刺激，最重要的补充是父母在结束的时候用语言描述了玩具带给孩子们的感受。这样的表达帮助孩子在大脑中建立了"语言和感觉"之间的对应关系，这样的方法非常重要。而最后一步也是我们经常忘记的。这个小方法使用起来只需要几分钟，但却提高了孩子的感知觉和语言能力。

提高知觉的练习也可以在家里做，比如，对比物体的大小，把同样形状的物品归类，当然还有我最喜欢的一种游戏方式：玩球。

和孩子在家里玩传球的游戏，可以准备各种大小不同的球，乒乓球、网球、篮球等。通过对这几种大小不同的球的掌握，孩子们实际上在建立对球的知觉，当他要和父母玩传球的时候，需要进行下面的判断。

1. 我应该怎么拿球？

2. 我要用多大的力气？

3. 爸爸的球会往哪边传？

4. 传球的时候，我要观察球是怎么飞的？

5. 我要跑向哪边才能接住球呢？

这些心理活动是孩子们思考、判断、行动的过程，也是孩子们知觉练习的过程，同时还是很美好的亲子时光。相比这些内容，时间知觉是最难的，原因并不仅是时间知觉的抽象，而是因为父母对时间能力的要求高。充分了解科学的成长规律有助于我们更好地帮助孩子在婴幼儿时期的发展。

我们经常听到父母抱怨孩子磨蹭，说看5分钟动画片，答应得很好，结果还是说话不算话。如果我们了解时间知觉对于孩子们的认知难度，我们也许就知道应该怎么让孩子们明白“时间”的节奏了。时间知觉，是一个抽象概念，对于孩子来说它是看不见、摸不着的，这就要求对于6岁以内的孩子，我们需要用具体的形象来帮助他看到时间概念，也就是变化。

我们需要用具体的形象来帮助孩子看到抽象概念，也就是看到时间的变化。沙漏是一个很好的工具，用一首歌的播放来体现“3分钟”远远比口头说“3分钟”更让孩子有感受。核心点就是根据孩子的理解能力，父母需要将抽象概念变成具体概念，比如用沙漏观察时间，但也需要一些技巧。

比如我们使用一个10分钟的沙漏，同时可以和孩子一起看绘本，或者玩一个游戏。除了让孩子知道10分钟有多长，更重要的是让孩子把自己的行为和时间做一个对应。让孩子懂得在10分钟内我可以做点什么。孩子们的概念就是这样慢慢地建立起来的，需要首先认识时间的概念，其次认知自己的能力，最后才能过渡到自己花多长时间可以做多少事。

这样的科学规律的普及能够让我们反思：我们对孩子的要求是否过高？是否合理？孩子的表现如果无法达到我们所提出来的这些“不合理”的要求时，他们的内心是否会受到伤害？

第4节　大脑发育

稳定和适当充分的刺激是大脑发展的两个关键词。

大脑的发育其实在出生前，在孕前期到孕中期的时候，母体中的孩子会产生神经元，并以每分钟50万个的速度在发展，这样的发展会直接受到外界的影响，这种影响也是刺激。

出生之后，稳定是影响大脑发育的重要因素。照料者的稳定是非常重要的。照料者不一定是父母，有可能是阿姨，有可能是爷爷、奶奶、外公、外婆。这种稳定包含以下要素：照料者是固定的人，照料者的情绪稳定。养育孩子的过程中，如果照料者的情绪经常失控，他的情绪就会让孩子受到惊吓，孩子会过早地知道自己应该如何表现才能让照料者满意。

照料者和孩子之间的交流和互动也非常重要，我们和孩子的每一个互动都会给孩子以刺激。所以人是永远比玩具贵的，父母陪孩子在一起玩半小时，比给他买个昂贵的玩具重要很多。科技的发展让我们越来越重视技术，用各种设备替代人的时间，但同时也忽略了人与人之间真实交流的重要性。

我看过一条让我特别有感触的视频，记录了一个建筑师对“人”的重视。一般来说，在中国装修房子，我们会把70%~80%的钱花在材料上，可能只把20%~30%的钱花在人工上，所以我们的材料越来越好，但是我们做出来的东西越来越粗糙，因为人工是有成本的。而这个建筑师就用了最便宜的材料水磨石，而把70%的装修费用都花在了人工上。在他设计房子时，使用的地面材料是非常便宜的材料，30元钱一个平方米，但人工费是400元钱一个平方米。所以用了最好的工人，再一般的材料也能做出最好的质感，就是你觉得它是精致的。

建筑师如同抚养孩子的父母一样，当我们愿意把更多的时间和金钱用在提高照料人（父母）的身上时，就算再简单的玩具也能发挥更大的价值。

在孩子成长的过程中，我们是否重视了照料人的质量？我们是否愿意给孩子高质量的陪伴，而不是高质量的玩具呢？互动是提高孩子大脑发育水平的最佳方式。互动指的是孩子有外部信息输入，也有自己信息输出的过程。我们最重要的一个任务就是有目的地让这样的互动产生。

看电视、看电影、看书，这些都是一个单向输入的活动，孩子们只是在接收外部传达的信息，在理解外部信息，明白电视、电影和书籍都在表达什么内容。为了帮助大脑更好地运作，并在运作中不断发展和提升，我们需要把这些单向输出的内容转变成为多项互动的内容。

最常用的方式就是“提问”，通过对电视、电影、书籍的内容进行提问，而孩子对这些问题进行思考，并且通过语言动作表达，就完成了一个从单向到双向互动的过程，也是最好的亲子互动内容，关键在于父母的意识。

和孩子一起看电影是很多家庭的选择，电影结束之后，我们通过一些简单的提问就可以把看电影变成一个更有价值的成长机会。

“你喜欢这部电影吗？”

“妈妈特别喜欢……你也一样吗？”

孩子看完电影的感受，最喜欢的情节或者人物，父母自己的观影感受，都可以成为和孩子一起互动的内容。

电影结束之后的5分钟内，这样的有效互动就可以产生了，形成对大脑的有效刺激。无数研究和事实都证明了大脑是可塑的。

罗马尼亚的孤儿院做过这样的一个实验。在1989年的时候，罗马尼亚的弃婴有一部分被送到了孤儿院，另一部分是被国外的家庭领养。由于送到孤儿院的这些孩子少有人陪伴，互动少，他们当中很多孩子到两岁还不会说话和走路。被国外家庭收养的孩子情况大不一样，孩子们在各方面都有很大的提高。实际上他们之间的差别是什么，就是外界的刺激，互动性和交流。

有一个组织在中国农村做了这样的一个调查。在孩子1岁半以前，他们做了一个测试，100分的标准，在农村的这500户的家庭里，

18个月的孩子能达到97分。然后他们把相同的这500个家庭分成了两组，一组为250个家庭，他们有人员去干预，就是每个星期去一次这些家庭，教父母用什么样的方式有目的地去刺激这些孩子，另外250个家庭就没有人去干预。

半年以后的比较是，在进行有目的接触的家庭里，孩子测试分数保持在97分到100分之间，而剩下的那250个家庭的孩子其测试分数则在80分以下，所以这种有目的、有意识的刺激和互动，对于孩子们，特别是3岁以前的孩子是非常有意义的。为什么强调是3岁以前的孩子，因为3岁以后，就算家庭做得不够好，但是有可能他们在幼儿园的环境里面能够得到外界的刺激。而在3岁以前，父母就是孩子的完整的一个环境，这点特别重要。所以，尽早地给予环境刺激，才能够充分克服极端匮乏的环境给婴儿带来的影响，这个影响匮乏的就是指缺少这种互动。

大脑发展还需要适度发展，切忌过度培养。这里的适度，其实就是科学，顺应个体发展的科学成长规律。在这个过程当中我们会看到，如果我们给了孩子过高的期望，然后当这个期望达不到的时候，父母和孩子都会失望,其实有时候是我们的期望超过了孩子的能力发展范围。

我经常听到这样的谈话：

“我家孩子8个月就会走路了。”

“我家孩子10个月会叫妈妈了。”

“我的孩子1岁半认识好几种颜色。”

很多人更愿意比较谁更快，谁更早地会做到。“认为早就是好”

绝对是错误的，违背成长规律的一味提前只能拔苗助长，产生巨大的焦虑情绪。包括对早教的理解，我刚回国的时候，发现很多人排斥早教，认为根本不需要早教。因为很多人认为早教是“提早教育”，就是“过早培养”。而真正的早教是指个体早期发展所需要的教育。

第5节　好奇心

好奇心是人的本能，我们对天空好奇，对树木好奇，对机械好奇，对我们自己好奇，可以说，一个拥有好奇心的人永远不老，永远充满动力。好奇心其实就是具有创造力的标志。美国一项研究在6年当中对3000人进行了一个跟踪调查，结果发现探索的意愿都源自于人的好奇心。

好奇心的产生是每个人的本能。在孩子们来到这个世界上的时候，好奇心的初始状态是一模一样的，在成长的过程中，孩子们通过探索或者是外部环境刺激来不断地满足自己的好奇心。孩子们在不同的年龄阶段，他们对不同的东西会好奇，我们需要发现孩子们的好奇，并且创造更多的机会帮助孩子主动探索。

对父母而言，最大的麻烦就是好奇心强的孩子会更容易犯错误，会容易惹祸，会到处摸，喜欢拆东西，喜欢问为什么。这些特质都会消耗照料人更多的时间来回答问题，来照顾孩子的安全，来收拾家里的“残局”，这些在很多人看来都是“麻烦”。但是，当我们意识到好奇心的重要性时，我们就会把目光从“麻烦”转移到“价值”。

~ 保护和激发好奇心的方法有哪些 ~

第一，理解孩子的好奇心行为，并且给予回应。

对于 3 岁以内的孩子来说，用手抓和敲击自己可以掌握的东西，去摸，去捏，感受这个东西是软是硬，然后通过敲击去感受它的声响，通过牙咬、鼻子闻来进一步了解手里握着的东西。他们有可能通过走、爬、翻身、跳跃、爬上爬下来了解自己的身体，掌握自己的节奏，这也是一个探索自己的过程。翻东西，也是好奇心的一个表现。孩子们喜欢翻抽屉，打开、关上，喜欢把垃圾桶弄倒在地上，然后把东西拿起来看一看，选一选，他们对于隐藏的东西、不被允许的东西充满好奇。

他们把东西弄得乱七八糟，可能嘴里还嘟嘟囔囔说话，也会哼哼地和你表达。这个时候，我们的第一情绪会是“怎么又把家里弄乱了啊，我要怎样才能收拾好啊”，我们需要识别自己的第一情绪，然后发现孩子弄乱东西这一行为背后的价值——好奇心。然后看着他，鼓掌，跟着他的那个节奏去点头，虽然我们心里面不断地在打鼓：他到底在说什么呀？但是，努力地尝试去听懂他，就算听不懂，也能给他一些表情上的回应。

当我们能够把“成长”放在第一位的时候，我们的情绪会变得好一些。需要提醒的是，对于年纪大的孩子，我们也需要慢慢教会孩子“探索”之后，需要把一切复原。

第二，使用提问的引导示范，激发孩子的好奇心，引导孩子认识周围的世界。

如果在小区楼底下要设计一个场景，我们可以通过什么样的方法来激发孩子的好奇心?

我们可以根据小区的环境，和孩子进行一次探索。我们可以向孩子提问：滑梯是什么颜色？附近有什么植物？我们再把它扩展一下：植物可能是每个小区里都有的，0~3岁的孩子，我们怎么样通过他对小区植物的了解，来激发他认识周围的世界?

再说具体一些：如何做?

我们可以和孩子一起捡树叶，拿起一片叶子摸一摸，然后看一下花的大小、颜色，摸一下，还可以对比形状。如果回到家里，有相对应的讲植物的小绘本，可以拿给孩子看一看，可以在这一个月带他再去植物园里走一走，让他从身边的这些小的植物开始，然后到书本，然后到植物园里面更大的，这些都是属于在家里就可以得到满足的孩子的好奇心。

有人会有疑问，如果孩子已经错过这个年龄阶段了，在6岁以后我们要怎么弥补。其实对于好奇心，可能在小的时候我们确实做得不够充分，那么6岁以后，我刚才说的这些事情是相同的规律，也可以去做的。但重要的是要大人们建立一个联系，我从一个小的植物，我能看到的是绘本，然后我能看到的是大的植物的世界，我有一条线索把它串联起来的时候，我们在孩子的任何一个阶段，都可以帮助他们去激发好奇心。重点在于我们选择研究一个主题，然后从家里、小区、学校可以外延到城市、其他地区及其他国家。比如，孩子喜欢自行车，可以研究家里的自行车，小区里别人的自行车，学校同学的不同的自行车，哪些城市自行车的使用率最高，还可以研究每年在法国举办的环法自行车比赛。

提出联想性问题，是非常有价值的做法。什么叫作联想性的问题？举一个特别简单的例子，孩子说我喜欢红色，你的联想问题可以是什么，还有什么是红色的。还可以有下面这些联想的问题。

1. 光折射出来为什么会有红色？

2. 你看到红色会想到什么呢？

3. 什么颜色和什么颜色相加是红色？

4. 红色会让你想到什么呢？

在这样的谈话中，我们会发现：幼儿园里有什么东西是红色的？妈妈有什么衣服是红色的？你在什么样的情况下会想到红色？甚至于你说你喜欢红色，但妈妈怎么发现你在选玩具的时候总给自己选蓝色的呢？等等，这些都属于联想性提问。我们会发现，当孩子回答问题只用简单的“是”或者“不是”的时候，我们可以通过联想性的提问鼓励孩子思考，帮助他把大脑思维变得活跃起来。一定要通过提问，让孩子把大脑变得活跃起来。

第三，通过孩子的兴趣扩展他的好奇心。

很多孩子喜欢看动画片，从这个兴趣上延展好奇心是否可行呢？奥特曼，是很多孩子喜欢的动画形象，如何从这个动画片激发孩子对更多相关内容的探索呢？

我们可以和孩子一起了解奥特曼这个动画片是哪个国家的，奥特曼里面有多少个人物，奥特曼的任务是什么。当孩子小的时候，我们可以一起了解的是奥特曼的故事情节，奥特曼是为什么而存在的。如果孩子年龄再大一点，我们可以思考日本人为什么这么喜欢奥特曼，有它的漫画书吗，同时代和奥特曼存在的这种英雄类似的人物，美国有哪些，英国有哪些。

如果孩子对食物感兴趣，对于6岁以内的孩子，我们可以和他一起品尝食物的味道，了解食物的原材料；6~10岁的孩子，我们可以尝试和他一起做一些简单的食物；10~12岁的孩子，我们可以利用食物和他做有趣的游戏或者任务。比如在第一周，妈妈给孩子50元钱去超市买食物，要求是只能购买两种食材做一道菜给家人吃。第二周，妈妈给孩子10元钱，要求是必须要做一个带绿色的菜。第三周，妈妈明确说想吃辣的，而金额只有20元。第四周，孩子只能使用家里冰箱里的原料，做出一道菜肴。孩子再大一些，可以让孩子自己做菜来招待家里的客人。孩子需要了解客人的特点、喜好后再去创作。这些任务充满乐趣，也让孩子学会思考和创造。

以上只是拿食物举一个例子，但这里面的规律适用于任何一个孩子对于某一样东西的好奇。比如说这个孩子对飞机感兴趣，在他小的时候我们可以和他一起用乐高拼一架飞机；6~10岁，我们可以和他一起去看飞机的构造；10~12岁，我们可以和他一起做一些飞机的编程；12岁以后，我们可以和他一起了解飞机的发明和发展，以及物理学之间的运用。如果这个孩子还喜欢外观设计，那在飞机的模型上面是不是可以做些创作，进行绘画。基于孩子的任何一个兴趣点，我们都可以让他构建世界。

孩子非常敏感，男孩们会对大人用的各类工具感兴趣。很多孩子在三四岁、四五岁的阶段会装模作样地拿一个玩具电话开始表演：“喂，你好，你在哪儿呢？”“喂，在家里。”其实他根本什么都没听见，这个时候，其实他在表明他想像爸爸妈妈一样过这种大人的生活。好多小女孩会去偷偷地抹妈妈的化妆品，会去“试穿”妈妈各种漂亮的高跟鞋。其实3~6岁的孩子们特别希望自己像大人一样，所以他对大人使用的各类工具感兴趣。

请大家看到这类画面的时候，配合孩子们把戏演下去，这是对他们演出的尊重。经常玩到后面我们也没法玩了，老想找个时间点结束游戏，但是孩子们越玩越上瘾。其实这个过程也很好，家长可以和孩子们培养感情。这只是其中的一个思路，还有很多都是可以构建出来的。我们不要害怕孩子们喜欢的东西过于单一，而是要在这些喜好上挖掘出更多的内容。

第四，扩展孩子的活动范围，激发孩子的好奇心。

家是6岁以内的孩子最主要的活动场所，我们可以通过扩展更大的活动范围来激发孩子的好奇心。春天，带孩子去看花，他可以看到各种颜色的花，摸摸薄薄的花瓣，闻到不同的花香；夏天，带孩子去海边，他可以触摸到海沙的细软，体会海水的咸味，用耳朵听到大海的波涛声；秋天，带孩子去郊野，他踩在落叶上，听见沙沙的声音，摸着脆脆的树叶，看着满眼的黄色；冬天，带孩子去看雪，他可以触摸到雪的松软，用小嘴尝到雪的冰凉，用眼睛看到大雪纷飞。

大自然是最好的激发孩子好奇心的场所，除此之外，各种博物馆，可以供市民参观的公众场所；带孩子一起乘坐公交车，单层、双层都可以试一试；看着红绿灯过马路，去书店买书……这些不同的场所都会激发孩子的好奇心。

除了场所的变化之外，我们可以结交更多的朋友，小区的邻居、幼儿园的小伙伴、从小长大的亲戚们，都可以给孩子们提供更多的社交机会。

~ 如何发现孩子在探索 ~

父母也有疑惑：到底怎么判断孩子是在探索，还是在故意破坏东西发脾气呢?

我们可以从 3 个方面进行辨别。第一，观察他当时的情绪状态。如果他真的是好奇去碰那个东西，他的情绪一定不是激动，他有可能兴奋，而且他也有可能在情绪很稳定的情况下去做这件事情。如果他是故意破坏的，那我们要了解一下在他去做这件事情之前的背景。如果是刚刚和别人吵完架，他把这个东西扔在地上，基本上可以判断他是在生气。如果是在情绪很平静的情况下，他过去把那本书撕了一下，那可能真的是想听一下撕那本书的声音。做出判断就是要了解背景，以及他当时的情绪状态。然后你可以问他，为什么要想做这件事情，那对于年龄小的孩子，还不能够表达的时候，我们需要假设几种答案，让孩子选择。

因为有的时候孩子心里是有答案的，但是他说不出来，我们需要假设两三种可能。“你为什么要把这个撕了呀？你是不是想了解它怎么叠出来？还是你觉得这个毛茸茸的好玩，想拆下来自己弄一弄？还是你就是不想看见它？”你给他选项。因为对于 3 岁以内的孩子来说，他可能很难去表达自己。4~6 岁的时候，他可能能说一些自己的想法。

当一个孩子的语言能力已经发展得不错的时候，我们也许还会用这样选择的方式，因为很多时候孩子羞于说出真实的答案。当你说了这个选择以后，你让他点头或者摇头是容易的，你让他自己说出来那是非常困难的。所以大家要练习猜测和推测的能力，特别是当孩子们羞于启齿的时候。好奇心需要得到保护和激发，遗憾的是，对很多人来说，长大的过程就是好奇心被逐渐束缚、压抑、限制的过程。

注意，以下父母的行为也会伤害孩子的好奇心。

过度保护。可能我们更在意孩子身体上的伤害，其实我也在意。我们需要在保证孩子安全的前提下鼓励孩子进行大胆的探索。

过度介入。当孩子在做尝试的时候，我们强行介入，剥夺了孩子探索的机会，岂不知就算是失败的探索，对于孩子来说也很有意义。

比如，我在咖啡杯上摆放一张纸，孩子如果想要看看咖啡杯里有什么，就需要找到这张纸的突破口，是直接把纸取下来，还是撕个口呢？于是孩子开始慢慢研究，他决定撕一个口，撕的这个过程可能找不准，要慢慢地撕，可能这一过程他要消耗四五分钟。如果这时候成年人来帮忙，一下子撕开了，这个叫过度介入。因为我们的介入让他放弃寻求办法完成自己的“撕纸探索”。

有时候，孩子对于父母的指挥是靠眼神的，他往那儿一站，看爸爸、妈妈一眼，家长一看鞋带开了，这是要给他系鞋带。走到一个地方，前面那儿有门，家长给他推开了，他完全在用眼神指示大人，而家长又这么心甘情愿地听命于他。实际上，我们的过度介入会让这个孩子失去真正探索的能力和机会。

关注结果，并缺乏鼓励。我们只会在意，或者说我们只看重孩子有没有把这件事情做好，但是我们忽略了在这个过程当中他们有没有去尝试。所以，好奇心的激发重点一定不是在结果，而是在过程，一定是以过程，而不是以结果为导向的。所以家长一定要鼓励孩子们在这个阶段去尝试。

虚应、拒绝、没耐心。虚应实际上就是敷衍：“可以，知道了，是这个。”

“妈妈你看，它居然是红的。”

“哦，红的。”然后接着忙你的事去了，这是我们经常做的。

如果是真正的在意呢？就是你要比他还夸张，然后说：“这个居然是红的，天哪，你太厉害了！”

错误应答。有时候我们对待孩子的提问会不在意，也就是随意回答，这样的错误应答可能会把孩子指向另外的方向。当我们无法回答孩子所有的提问时，其实不用担心你给孩子说不知道，真诚地告诉孩子你不知道答案，但是说不知道一定不是结尾，回到家我们立刻寻找答案，第二天告诉他，妈妈学会了，我告诉你这个东西是某某。

如果遇到我们也模棱两可的答案时，我们需要告诉孩子：“等一等，妈妈去查一下，明天和你说。”我们给自己留一个余地，但重要的是不能给孩子连我们自己都不敢确认的回答。我们面对这些问题的态度，是最佳的让孩子学习的态度。孩子能感受到我们的在意，正因为在意孩子们的提问，所以我们才会不断查找；这种严谨的态度，也让孩子知道要对爱的人负责。

第6节　自我意识

自我意识指的是个体开始对“自己”有探索的意愿，有界定自己和周围关系的意愿。自我意识是对自己身心活动的觉察，即自己对自己的认识，具体包括认识自己的生理状况、心理特征及自己与他人的关系。

因为孩子们在小的时候，都是从“我”开始思考的，以“我”为中心来表达的。“我”的好奇心激发自己去探索。

我们来看看下面这些孩子们经常出现的行为。

1岁的宝宝喜欢把小鸭子玩具扔出去，妈妈捡回来给他，他继续扔，因为他想知道自己是不是有指挥权。

2岁的虎虎爱照镜子，指着镜子里的人笑是吗？是的。因为他在镜子里面发现自己了，有好多孩子会在这个时候被吓一跳：这是我吗？他突然看见自己了，于是开始展示各种表情。

3岁的宁宁爱说不，妈妈说咱们洗澡去吧。不！妈妈说该吃饭了。不！妈妈说穿粉色。不！宁宁想要使用“否决权”的方式来显示自己有了权利。

6岁的小东长得很胖，比别的孩子跑得慢，他很伤心。是的，他已经开始有这种美、丑，好、不好的比较了。

上面描述的这些现象都是自我意识的表现，孩子们开始意识到自己的权利，也想试探自己的权利，对自己的外貌、性格、情绪、爱好，以及与周围人的关系有了解的认识，但核心是都是以“我”为中心开始的了解。

自我意识是成长发展的核心和基础，好奇心的发展、安全感的建立、情绪的表达、社会发展的能力，都与自我意识的发展有关。自我意识强的孩子，会更积极地投入到生活中。

~ 如何帮助孩子发展自我意识 ~

第一，认识自己的生理特征。

认识生理特征包括外貌、身材，以及身体的特质。镜子和照片是非常好的认知手段，孩子们看见镜子里的自己会笑，他会发现自己做什么动作，镜子里的人也会做同样的动作。这个时候大人可以用语言解释，帮助孩子做一些链接。

“你看，这就是你。你的头发是黑色的。来，看看你的手，张开。看看你的小脚，真有意思，对不对？”

这样的方法可以让孩子对自己感兴趣，从感兴趣到认识自己的重要性。

还可以和孩子一起看相片，看着相片里的自己，大人也可以做相关的解释，大一点的孩子可以看自己小时候的照片，对比自己的身高、头发的长短、眼睛的大小，这些变化也会让孩子意识到自己的成长。

第二，认识自己的心理特征。

我喜欢什么？我讨厌什么？我做什么事情开心？我看见什么会害怕？这些问题是我们每个人在一生中都不停地问自己的问题，如果孩子们从小有机会思考这些问题，那就更有价值。这些问题的产生，来源于外界的刺激。

在家里，如果父母或其他家庭成员关注孩子的情绪，并且知道自我意识的重要性，就会在互动中出现下面的提问。

“我们明天去买菜，你喜欢吃什么呢？”

“我特别喜欢蓝色，你最喜欢的颜色是什么呢？”

“晚上你想做什么？有什么特别想玩的呢？”

这些问题的核心点在于所有的问题都是“你”，所有的关注点都在孩子身上。在成长中的孩子不一定有语言能力来完整、清晰地回答这些问题，但自我意识的重点在于孩子开始去思考这些问题，对于3岁以内的孩子来说，家庭成员就是最好的提问者，进入幼儿园之后的孩子，老师是否会在教学过程中关心，家庭成员是否也能在生活中关心就更重要了。

第三，认识自己与他人的关系。

我和别人一样吗？我受老师关注了吗？妈妈、爸爸喜欢我吗？我和弟弟谁更厉害？别人愿意帮我吗？认识自己和他人的关系，首先是从家庭关系开始，然后随着孩子们的交友圈的扩大，这种关系开始扩展到社会、幼儿园、父母的朋友圈，等等。

自我意识发展的需求也在告诉我们，父母应该给孩子们提供社交圈子，并且帮助孩子思考自己与别人的关系。

幼儿园的孩子，我们可以用下面的提问来启发孩子思考。

“你有好朋友吗？”

“你喜欢和谁做游戏呢？”

“你喜欢画画，别的小朋友喜欢做什么呢？”

当我们和朋友聚会之后，我们可以进行以下的总结。

“我发现他们很喜欢你呢，特别是那个小弟弟，好喜欢和你玩游戏。”

这样的方式反映了成年人的观察，也让孩子有机会回想与人相处的画面。

自我介绍是一个非常好的发展自我意识的方法。下面这个例子诠释的是如何通过自我介绍来帮助孩子发现自我意识。

“我的名字是苗苗，我扎了两个小辫子，我的个子不高，我有爸爸、妈妈和哥哥，我上幼儿园中班了，我家有一只狗，我喜欢冰激凌和画画。”

这一段话，有自己的名字、外形描写、家庭成员、社会角色，还有自己的爱好。

如果孩子到了4岁以上，可以让他仿照这样的方式进行模拟。同样，父母也可以做示范，让孩子看到父母对自己也有一个认识，同时，这也是孩子了解父母的方式。

孩子发展自我意识对父母的挑战非常大，因为在孩子自我意识的发展中，我们需要尊重孩子自己的表达，他们会有很多“不听话”的行为出现。

6岁以内，孩子自我意识的表现和需求有4个方面。第一个方面，他们希望行为活动自己能够控制和自主的范围变得越来越大。第二个方面，他们在过程当中想要实现自我的意志，其实是自我的想法。第三个方面，由于前面两个愿望的增强，他们一定会反抗父母的控制了。第四个方面，他形成的一个在内心的概念就是我长大了，我很能干。

“可怕的两岁”是很流行的说法，在我看来就是在孩子们的自我意识的萌芽期，他不受你控制。而这个时候我们会发现，其实是父母需要适应，因为孩子在他1岁以前，基本上很听你的话。而18个月之后，他开始有自己的想法，通过扔东西强调自己，通过说“不”展示自己的权利。

我们要逐渐地适应孩子的长大，他们的“反抗”恰恰说明他们的成长。有时候，我们喜欢的不一定是正常的，我们不喜欢的却意味着孩子们的成长。

第7节　情绪

情绪是一种内心感受，是指人在生活中的主观反应。情绪没有对错。当人们把情绪转变成行为表达的时候，容易让他人察觉。但是情绪表达的方式有合理、对错之分。

人从刚刚出生就有了基本情绪，高兴、惊讶、悲伤，然后随着年龄的增长，当孩子的自我意识开始萌芽的时候，他的复杂情绪就出现了，又通过和别人的互动，他会出现自豪、忌妒、内疚、羞愧、尴尬等情绪。复杂情绪在“我”的意识产生之后，就会开始发展，随着孩子开始有了社会活动和人际交往之后，这样的复杂情绪就有更多的体现。

观察婴儿期的孩子，他们的表情会有变化，他们能辨识他人，看见陌生人可能因为害怕而哭，看见妈妈会笑。他们已经在用行为（哭、笑）

来表达自己的情绪了。当他看到害怕的事情，他会移开视线。这些动作都表示婴儿有了情绪，并且开始表达。婴儿时期的孩子用哭来表达自己的生理需要，比如饿了、尿尿了、困了等。随着孩子语言的发展，他们开始用“说话”来表达自己的需求。所以，语言的发展可以帮助孩子提高情绪表达的能力。

情绪能力的培养分3个方面，认知、表达和调节。其实在人的一生当中，关于情绪的学习是没有终点的。

~ 情绪认知 ~

我们首先需要认知自己的情绪，我知道我现在的这个感受是开心，我知道我现在的这个感受是难过，我知道原来我是在忌妒别人，这就是情绪的认知。

情绪是人生来就有的，婴幼儿需要通过外界的帮助来认知自己的情绪。成年人可以通过表情、语言、行为来帮助孩子认知自己的情绪。

我们可以寻找一些机会，当孩子明确有情绪表达的时候，比如，开心大笑的时候，我们用笑容回应他们的开心，我们用语言解释这样的行为：“你刚才咧开嘴了，心里是不是甜甜的，美美的？”我们用这样的语言来帮助孩子把内心情绪表达出来，慢慢地他们就知道，这样的心理感受叫作“开心”。“你刚才是不是心跳得特别快，感觉脸热热的？这是兴奋。”

3岁以后的孩子，我们可以和他玩情绪游戏，比如，用颜色来对应自己的情绪。

“看见红色，心情会是什么样？”

“看见蓝色，心情会是什么样？”

我们还可以选择“表情图谱”，比如，在图谱中放不同表情的脸，让孩子猜猜每一种表情都在表达什么情绪。然后问孩子：出现什么情况的时候，他的表情也会是这样的呢？

我们看着一张带有“委屈”表情的脸，自己做示范地说出自己被人冤枉的时候会委屈，然后问孩子：“发生什么事情的时候会让你也有这样的表情呢？”这样的互动过程就能帮助孩子认知情绪。

还有一些机会出现在某一个事件发生之后，我们的总结。一个孩子想买玩具的要求被拒绝之后，开始非常激动地双脚跳。我们可以说：“你刚才是不是特别着急，我看见你的双脚在跳了，你是不是特别想买那个玩具？”

认知情绪的重点在于父母有意识引导孩子感受自己的情绪，并且用语言表达的方式让孩子把内心感受和情绪类别一一对应。

~ 情绪表达 ~

认知情绪之后，孩子们需要学会表达。我开心的时候可以做什么，我愤怒的时候可以做什么，情绪没有对错，但是表达情绪的方式需要学习。

很多父母向我求助，说孩子一发脾气就打人。生气，就是情绪，这是孩子的主观感受，打人，就是表达情绪的方式。我们接纳孩子生气，但是我们不接受他一生气就打人的表达方式。我们可以教孩子，当他生气的时候，他还可以做什么来表达自己的情绪。

一次朋友向我求助，问他的儿子特别喜欢打人怎么办。

我让他做的第一件事就是记录，记录孩子在什么情况下出现这些行为。

通过两周的记录就会发现规律。从朋友的记录中我发现，这个孩子打人的行为都是出现在他情绪激动的时候，开心的时候打人，不开心的时候也打人。通过这些信息我判断这个孩子只会用挥舞拳头的方式来表达自己内心的激动。我的朋友是一个技术男，特别冷静，他的太太也是性格内敛。所以他们不容易发现孩子的情绪，平时他们也没有意识给孩子做情绪表达的示范，碰巧孩子看到一个动画片里的人物一激动就这样挥舞拳头，他就学会了。

我告诉朋友要教会孩子表达情绪的方式，开心的时候他可以鼓掌，不开心的时候可以跺脚，因为他总要有一个动作去释放。通过示范和练习，并且当孩子又挥舞拳头的时候，父母在一边做示范可以鼓掌或跺脚，或者用语言说出来。大概3个月之后，孩子就用好的表达方式来替代自己错误的表达了。

从这个事例中我们可以看到，孩子的情绪表达需要成年人的示范和引导，并且需要和孩子一起做练习。

~ 情绪调节 ~

情绪调节是一项要求很高的能力，是成年人需要不断修炼的功课，但实际上这个功课从小就已经开始了。

当遇到孩子激动的时候，我们选择帮助他们冷静下来，深呼吸是一个很好的方式。或者用数数的方式也可以帮助孩子们调整呼吸，逐渐平静下来。

运动和艺术也能帮助我们调节情绪。在家里准备一个沙袋，当孩子情绪需要释放的时候，他们可以打打沙袋；对着窗外大吼一声；跑步出汗，所有能够出汗的方式都能帮我们把情绪调整好；画画、唱歌这样的对外表达也可以帮助我们从情绪中挣脱出来，并且用其他的方式来表达自己。

针对早期养育中的情绪发展问题，加州大学洛杉矶分校的神经心理学教授舒尔博士提出了一个重要概念：孩子在早年经常无法对情绪进行必要的自我调节，但是良好的情绪状态又是大脑健康发育的必需，因此成人必须充当一个“外部调节器”，来帮助孩子调整情绪。

我帮助过一个孩子，他说话比较晚，而且说得不清楚，不容易让别人理解。在幼儿园里，他没有办法立刻让周围人明白他的意思，当他没有办法用语言来表达自己所有情绪的时候，他就会去打别人，他就会着急，一着急就更说不出话来。

我和孩子在一起完成的第一步就是“情绪认知”，帮助他分清自己的情绪。第二步是和他一起想办法在这些情绪出现的时候他可以做些什么。第三步是和他一起学习用画画的方式帮助自己舒缓情绪。

情绪是一个人健康和幸福的风向标，这是一项非常综合的能力，更是一个从小就需要培养的能力，而父母是最重要的影响孩子情绪能力的人。生活在一起的家庭成员都会有自己的情绪，有的选择隐忍不说，有的选择过度释放，这些表达方式都被孩子看在眼里，同样也是孩子们下意识模仿的内容。

我们特别需要关注孩子的情绪，接纳孩子的情绪，当然更重要的是帮助孩子了解情绪，并且学会用健康的方式表达，还能拥有调节的能力。

第8节　语言

语言水平的提高意义重大。语言是基于词语和语法的一种交流系统，我们通过语言来表达自己的想法、意愿、感受和态度。

个体语言的学习分为输入和输出。输入是孩子们通过“听”的方式接受到外部刺激，输出是孩子们通过语言来表达。输入和输出时刻伴随着孩子们的成长。婴幼儿发展的初期是语言输入的阶段，他们听到爸爸、妈妈、老人们说话，然后通过模仿进行表达。在不同的阶段，婴幼儿发展的特质各不相同。

~ 语言敏感期 ~

语言敏感期在孩子 0~6 岁的时候，1 岁以内的孩子语言任务重点在吸收，1~2 岁孩子开始有少量的语言输出，2~3 岁的孩子语言输出的比例在提高。

10 个月以前，是孩子牙牙学语的阶段。最早你会发现孩子们对于名字是有反应的，我们叫“爸爸”，他的眼睛会跟随寻找。

1~3 岁的孩子出现了语言第一个高峰期，孩子的语言最早是简单的音节，开始理解这些词语。然后接下来，他会说得更加丰富。

3~6 岁的孩子特点就是开始从语言输入向输出转化了，这个时候我们需要给孩子提供更多的表达机会。

~ 语言发展的关键 ~

第一，在家庭中给孩子创造好的语言环境。

语言的学习从模仿开始，对于婴幼儿来说，家庭成员是他们最主要的模仿对象，这就要求家庭成员和孩子在一起的时候，多说话、会说话。

多说话：第一天出生的婴儿，他们也开始在接收我们表达的信息，也就是输入。我们需要和孩子说话，很多父母不知道说什么。其实，有一个核心就是“解释自己的行为和感受”。

比如给孩子喂水喝的时候，我们可以说：“现在妈妈要给你喂水了，妈妈给你选了一个白色的水瓶，瓶口是软软的，然后水是透明的。妈妈把水瓶放在你这里，你要慢慢地喝。宝宝喝完了，今天表现真好，有没有觉得心里很舒服啊，也不渴了。”

这样的语言表达在不断刺激孩子，让他们的大脑在接收信息。

会说话：我们知道需要经常和孩子说话，但是怎么说给孩子带来的刺激更有效呢？这就需要符合孩子在各个年龄阶段的成长规律。

对于0~2岁的孩子，重点在输入，然后表达简单的“电报句”，也就是简单的词。我们需要说很简单的字、词、句子。表达的时候可以通过丰富的表情和肢体语言让孩子们更好地理解语言传递的内容，这样的表达方式容易让孩子模仿。

对于2~4岁的孩子，开始从输入向输出方面发展。外部语言的刺激，可以做一些转变，我们可以用30%的时间呼应孩子们“电报句”的方式，让孩子感受到妈妈和自己是一致的。然后我们用70%的时间说完整、简单的句子，给孩子做一个更高级别的引领。父母更多地使用儿化语，儿童化的语言，放慢声调，故意的抑扬顿挫语调，简化语言，等等，都能给孩子高质量的示范。

对于4~6岁的孩子，我们可以通过更多元化的方式来丰富孩子模仿的内容和对象，同时也需要更多地创造让孩子感受到表达价值的机会。表达价值的意思是帮助孩子们意识到语言的价值。

比如，孩子想要苹果。他用手指指苹果，我摇摇头，表示不知道他的意思，然后孩子哭了，我走到他身边，说：“哦，你的意思是妈妈不知道你的意思吧，你哭了妈妈也不知道你想要什么。你能告诉我吗？”

“我想要苹果。”我点点头，回答他：“你看，这样说出来妈妈就知道你的意思了。”我走到柜子前面，把苹果拿给孩子。

这样的行为就是让孩子意识到语言比动作重要，比哭重要。我们要让孩子意识到语言的重要性，语言能够更好地帮助他的愿望得到满足的情况下，他就会主动地愿意调动自己的大脑去表达。

我们看到这里，是否会想到家里那个用一个眼神、一个表情、一个动作就能指挥大人的孩子呢？我们的过度解读和明白实际上减少了孩子主动表达的机会。我们需要让孩子们充分意识到语言的价值。

第二，在家庭外给孩子创造好的语言环境。

随着孩子年龄的增长，我们有更多的机会和孩子走出家庭，去看看更丰富的世界。我们需要在家庭外给孩子创造崭新而多样的语言环境。主要体现在以下两个方面。

在认知中学习语言。和孩子去菜场、超市、动物园、博物馆、逛街，都是一个认知的过程。在这个过程中，孩子们首先会看到不同的东西，然后需要通过父母的提问说出来。比如去动物园，看见猴子。妈妈会说：“这是猴子，尾巴长长的，会挂在树上。它们是什么颜色的？”

认识红绿灯、电梯、树叶、河流、高山，和孩子们看见这些，然后用语言一起表达。

这样的认知除了通过外出看见，当然也可以通过书籍、动画片、电影等出现在我们的面前，但最重要的是大人们需要有意识地告诉孩子这些东西是什么，然后引领孩子再次表达。看到更多，知道更多，学会更多，那就需要使用更多。

在社交中使用语言。孩子们在社交中，语言是最佳的沟通方式。所以把孩子们放在一起，可以让他们充分地使用自己的语言，就算是我们听上去只有“哼哼”，或者是“电报句”，也能让孩子们意识到表达的价值。

我们还可以在家里通过角色扮演的游戏让孩子们练习在社交中可以使用的语言，这样不仅可以帮助孩子们在社交中建立自信，提高社会能力，还能提高语言能力，感受到语言的价值。

语言的发展过程中，健康的语言环境特别重要。父母在家里要丰富自己的语言，要多说话，要会说话。同时，我们也需要给孩子选择健康的语言环境，比如孩子们接触到的日常信息源是否健康，因为模仿是孩子的本能，年幼的孩子们并没有办法判断自己语言的好坏、对错。他们更多地在模仿，模仿父母的语言，模仿动画片中人物的语言，模仿幼儿园老师说的话，模仿同学们的表达。

有的时候我们发现孩子说“脏话”，这不仅和孩子们模仿有关，还与周围人对孩子的态度有关。父母有时候会觉得这样的话从二三岁孩子嘴里说出来很好玩，有时候会觉得没关系，孩子大一点就好了。所以父母的反应可能就是笑笑，可能有时候也会笑着说“不能这样”，但孩子并没有真正地明白这样做不行，甚至他觉得自己把大家逗笑了，特别有成就感，所以就会反复说。面对这种情况，我们需要寻找到脏话的“信息源”，并且改变自己的态度，帮助孩子慢慢改变。

有人向我提问：“我的孩子有时候喜欢拿着书自言自语，我是应该打断他，还是应该就在旁边看着他自己说呀？”

我的回答是：“首先，你肯定不能打断他，你可以选择提问：‘你自己在看书啊，你需要妈妈坐在旁边吗？’如果他说不需要，你就可以去忙自己的事；如果他说需要，请你坐在他旁边。如果他自己讲了10分钟还讲不完，你可以说：‘妈妈能离开一会儿吗？我一会儿再过来听。’这表达了你的一种尊重和礼貌。”

语言的发展需要我们耐心等待孩子的成长，也需要我们积极地创造条件。特别是平时不喜欢讲话的父母，更需要调整自己的语言状态，为孩子选择幼儿园的时候，也需要观察幼儿园在语言环境上的塑造是否丰富，老师们语言表达的能力是否合格。

在家庭中我们需要给孩子们提供各种练习的机会，比如看绘本、讲故事、角色扮演，这些好机会都需要我们付出时间和耐心，寻找到更好的练习方式。

创造环境、榜样示范、练习帮助、等待引导，这是帮助孩子语言发展的四大要素。

第9节　安全感

安全感是一种心理状态，个人的安全感受到周围环境的影响，包括物理环境、人文环境、心理环境。

物理环境指的是存在的物品、设施、天气，比如桌椅、灯光、窗帘，书、笔，鞋子、衣服，天气晴朗，等等。

人文环境指的是人，人与人之间的关系构成的环境，比如家里的爸爸、妈妈、爷爷、奶奶，以及其他人员之间构成的关系。

心理环境指的是人的心理特征、状态，以及一个群体的心理特征、状态。充分的安全感会让孩子有独立的意识和能力，更好地适应新环境，遇到失败的时候会把原因归结于事情，而不是别人对自己的评价。

缺乏安全感的孩子不敢表达自己的想法，在意别人对自己的评价，依赖别人，在团队中总是妥协自己的想法，不敢参与竞争，害怕接触新事物。因为安全感属于心理环境，个人的心理状态会直接影响其在获取知识和能力上的意愿，以及对于生活的幸福感受。

安全感非常特殊，它的获取与人和周围环境有关，有对自己的安全感，对周围环境的安全感。婴幼儿时期个体安全感的建立和家庭成员的关系最为紧密。童年时体验到的足够的爱，持续的、稳定的、持之以恒的、前后一致的爱，并延伸出对于他人及世界的信任，感觉到的自尊、自信，以及对现实和未来的确定感和可控制感。这些都是安全感的重要来源。

“爱”，是关键词，持续的、稳定的、持之以恒的、前后一致的爱。简单地说，我们不会因为这个孩子发生任何变化就不爱他，就不对他好。我们不会因为孩子的成绩好或者不好，就改变对他的爱。这种爱是稳定的，也不会因为我们今天一贫如洗，明天是千万富翁，就会有所改变。情感是恒定的，但是我们可能改变的是表达爱的方法。我们需要把握的就是情感和行为上的差别。

很多人会困惑：“如果这样，是否孩子考试成绩不理想，我也不能批评他了？是否我批评了他，我的爱就改变了呢？”

这是一个很好的问题。我们当然可以指出孩子的问题，但关键在于我们批评的是孩子的行为，还是孩子？我们是否用“情感”来威胁孩子呢？

“这次考试成绩不理想，是不够专心，还是练习不够？我希望能有所改变，我也愿意提供帮助。”

“你怎么这么笨？上课听不懂了吧，我看你就怎么也学不好。”

“你再考这么差，我就不爱你了。”

第一种说法，能让孩子感受到尊重、安全和帮助。

第二种说法，对自己全方位的负面评价，能让孩子感受到挫败、沮丧，认为自己这个人太差劲了。

第三种说法，让孩子感受到的就是前后不一致的爱。

我们需要摆脱自己的行为惯性，有时候话脱口而出之后我们才意识到是错误的。安全感的建立特别考验的是父母对于自己行为的体察，考验父母是否有前后一致的爱，并延伸到对于他人及世界的信任。

婴幼儿的安全感建立分成 3 个阶段，可以用 3 个问题来表示。

～“我能活下来吗？”～

这个问题代表处于第一个阶段的孩子，刚出生的孩子，他们大脑里的问题就是：“我有足够的食物吗？我能睡觉吗？” 这也是马斯洛心理需求的最基础的需要——生理需要。

所以这个阶段，家庭成员需要及时满足孩子的生理需求。婴幼儿时期的孩子通常只能通过哭闹的方式来表达自己的需求，我们需要给孩子提供有规律的生活作息时间。当然，这个阶段孩子也在和我们互相磨合，以找到最佳的方式。

孩子小的时候一哭，我们的反应都是：“饿了？尿了？”这是孩子们最基础的生存需求，所以在这个阶段如果有父母说，我要锻炼他的自控能力，所以，他哭再多我不给他吃，这是不对的。但是如果到 5 岁的时候，孩子一得不到吃的就哭，你可能就要让孩子忍受一下。所以在不同年龄阶段，方法是不一样的，同样的一个做法，在孩子 0~3 月时，这个做法就是错的，但在他 5 岁的时候，这个方法就是对的。

～“我能做我自己吗？”～

这个问题代表处于第二阶段的孩子，当自我意识开始萌芽的时候，孩子们也就进入到安全感需求的第二个阶段。

我能做自己吗？孩子在18个月以后，他的自主意识开始增强了，我能做自己吗，我把东西扔在地上，你帮我捡起来，这是我的愿望。我就想吃这个菜，好，你是让我吃了以后再让我吃点别的呢，还是彻底不按照我的想法来做。

这个时候的孩子，由于运动能力的发展，可以爬，可以走，他们需要的物理环境也就大了。于是，他们想要进行更大的探索，由于他们对“危险”还没有概念，他们对自己的行为认知还不准确，所以孩子和成年人在判断上相差很远。

吃饭是孩子和大人都同时关注的话题，当孩子们使用自己的工具开始吃饭的时候，肯定会把周围弄得脏脏的，衣服也乱七八糟，还会延长吃饭时间，因为使用工具对他们来说是一个全新的过程。如果我们给予孩子时间，不去埋怨他们把衣服弄脏，他们就会有很多成就感，知道自己的每一次尝试都会得到帮助，他能做自己，这样安全感就获得了。

我遇到过很多不想去幼儿园的孩子，通常我会做的就是和孩子一起讨论第二天他要穿什么衣服，他会带什么玩具去幼儿园，让他对第二天的幼儿园生活充满期待，而这个期待就是他能自己选择，他能做自己了。

~ “我足够好吗？” ~

这个问题是3岁以上的孩子内心的提问。

孩子们开始留意别人对自己的评价，一个鼓励、微笑、拥抱都是孩子们得到的肯定的回答。这个发展规律要求父母给孩子创造更多的机会，让他们有机会展示自己的优势，这也是一个证明自己“足够好”的机会。

联想大脑发育提到的过度培养，如果给孩子提出超过他目前能力范围的要求，他做不到以后，他就不会认为自己是足够好的，他就会慢慢地对自己的负面评价比较多。他在任何一个环境中都更难自信，在以后的尝试中会变得更容易妥协和退缩。

家庭成员和教育者都应该在生活或教学中根据孩子的能力提出目标，当孩子们不断探索完成之后，我们给予积极的反馈，会让孩子们内心有一个明确的答案。

安全感的建立在于生活，下面给大家列举一些破坏孩子们的安全感的行为。

父母吵架。当着孩子的面吵架是非常破坏孩子的安全感的，而很多时候父母会认为孩子小不理解。确实孩子在小的时候听不懂你们在说什么，但是恰恰由于他听不懂，他更多的信息来源是大人的表情、音量、动作等。所以你会发现孩子们会被吓住，会哭，会蜷缩身体。

没有说明原因的离开。我们经常会偷偷地走，这种行为可能在很多家庭里面都有。我们瞒过了一时，可能在我们离开 20 分钟后，孩子才发现，开始哭。但是经常这样做的话，我们要出门会变得非常非常困难，因为孩子对关门的声音都会很敏感。

我们偷偷走的一个原因是不忍心看见孩子哭。如果要在两者中选择，我们宁愿选择告诉孩子，也不能偷偷溜走。孩子哭看上去当时很痛苦，但是对于我们和他之间建立的信任感是重要的，他不会觉得我们偷偷地背着他在做这件事情。

外出的时候为了验证孩子对于自己的需求，我们会突然消失，让孩子来自己找我们。这样的消失会让孩子很没有安全感，所以他们不敢自己走在我们前面，非要手拉手，因为担心我们会再度消失。

没有给予足够的拥抱和身体接触，这个特别重要。有力量地传递安全给孩子，让他们从拥抱感受到父母的爱和安全。

威胁不听话就要离开，这就是前后不一致的爱，你不听话了我就不爱你了，我就走了。

在没有告知孩子的情况下，自作主张地把孩子的玩具送人，有太多的家庭会这样做。我们一定要在得到孩子的同意之后，再把他们的玩具送人。在大家眼中没有用的东西，对于孩子来说可能会特别重要。而很多时候大人们会发现那个玩具他放在那儿一年都不碰的，我们要送人，可孩子不答应。他不玩也不想送人，这不是自私，实际上他真正舍不得送的是玩具给他的情感。这种做法伤害了孩子的物权，损坏了孩子的安全感。

安全感的建立更多源自于家庭，父母的陪伴、父母的行为、父母对孩子的态度和评价。

第10节 规则意识

很多人认为养孩子应该给孩子顺其自然的发展空间，不应该限制孩子的行为和想法。

这句话我只能同意一半，孩子确实需要发展的空间，但也需要外部环境（成年人）来指导他们的行为。我们需要让孩子有想象的自由，思考的自由，但同时也需要帮助孩子建立规则意识。

规则意识能帮助孩子建立充分的安全感，能够不断扩展自己的自由空间，能够适应不同的社会环境。

对于0~6岁的孩子来说，规则意识的启蒙和建立主要源自家庭。

在养育过程中，生活规则其实早就存在，吃饭的规律，睡觉的时间，穿衣的尺度，其实就算成年人没有明确表达规则，实际上，这些习惯的行为就是规则。

随着孩子年龄的增长，可以玩游戏了，与人相处了，进入到不同的环境中，这些规则意识也在帮助孩子们更好地适应环境。

任何游戏都需要规则，孩子们在玩的过程中就已经在学习“轮流”的概念，“依次”的概念。但是也有可能出现“大人一定会让我赢”的概念，“输了就要被说”的概念。

在与人相处的过程中，我们也在建立这样的规则，有礼貌地打招呼，做错了说对不起，别人帮助自己说谢谢……如果家里有好几个孩子，如果父母判断对错都是“大的要让小的”，就会给孩子们建立的规则是“年纪小的永远都可以有优势”。

当进入到各种环境中，我们也在学习规则。进入博物馆参观，要排队买票；看电影，不能大声说话；去室内游乐场，需要脱鞋；去游泳，要换泳装；去幼儿园，需要带上必备的用品……

如果没有规则，孩子们会出现什么样的情况呢？生活没有规律，与人相处会遇到困难，不受欢迎，在陌生环境中可能因为不知道下一步要发生什么而变得胆小不敢加入群体，或者肆意破坏周围环境。从小到大，孩子们对规则的理解是从点到面的发展，是从被成年人要求到对自己的要求的转变过程。

在家里，孩子被成年人要求吃饭前先洗手，吃饭时细嚼慢咽，不能疯闹，要独立。这些规则在最开始的时候被不断提醒、示范和帮助。一段时间之后，孩子们就会形成自己的习惯规则，他们不用提醒就会知道吃饭的时候需要遵守哪些规则。这些都已经成为了他一吃饭就会做的行为。

这就是一个从被要求到自己要求的转变过程。我们可以看到，规则的建立在于父母的意识，但是规则有好有坏，这个“好坏”取决于父母的认知。

建立规则之前，我们需要澄清几个概念。

第一，规则不是针对某一个人，而是整个家庭都需要遵守。

生活习惯，与人相处的规则，适应环境的要求，这些规则首先是父母也需要遵守，才能帮助孩子更好地学习。

模仿是人最初的学习方式，我们的行为举止也是孩子的榜样。一方面要求孩子不要看手机，一方面自己又成天捧着手机。这样的方式让孩子们很难接受我们在家庭中所提出的要求。规则中提出孩子每天要看书 20 分钟，结果每天晚上我们都带孩子看电视，外出聚会，没有给孩子留出 20 分钟的时间，那么孩子怎么遵守这个规则呢？

第二，规则需要根据每个人的能力和发展需求制定。

规则是发展的，是根据每个人的能力不同来制定的。比如一个家庭中两个孩子，一个 2 岁，一个 5 岁，我们的规则都是“坚持阅读”，对于 2 岁的孩子可能就是 10 分钟，但是 5 岁的孩子可能就是 30 分钟。还有一个规则是“按时睡觉”。孩子可能需要 8 点睡觉，成年人可能是 10 点睡觉。规则不能一刀切，应该根据每个家庭成员的能力不同进行制定。

第三，规则有积极的规则，也有消极的规则。

规则意识，发自内心的以规则为自己行动准绳的意识。规则的表达方式有积极的，也有消极的。消极的表达一般是以否定开头的，比如，不能打人，不能抢东西。

积极的表达一般告诉孩子可以做什么，比如用语言沟通，轮流玩玩具。规则需要更多的表达引导鼓励孩子的正向行为，否定和禁止的内容可以控制在少数。

第四，制定规则的数量和更替的时间需要控制。

更多的规则等于无效的规则。当我们在建立家庭规则的时候特别“贪多”，总想通过很多明确的内容让孩子遵守，当然有一些生活习惯在平时我们都建立了，如果需要重视公布的家庭规则，一定要控制在5条之内，最好3条。

对于6岁以内的孩子来说，太多的内容反而容易让他们忘记，每次都需要被提醒，渐渐就失去兴趣了。也有一些家庭，看到家庭规则的执行有效之后，就立刻更换规则。这样会让孩子们觉得很累，我们需要让孩子把这些规则变成自己的习惯，不用提醒，并在生活中能够使用之后，再更替。这两点其实在反映我们太急于求成了。

规则意识的培养需要根据孩子们在各个方面的能力发展去建立，我们一定要了解科学的成长规律，也就是成长教育中的“道”。规则能力的培养会让孩子感受到安全感和行为自由。

如果一个孩子与人相处的规则没有建立，那么在他进入幼儿园之后，可能会遇到很多的社交困难。他不知道礼貌的价值，也不知道需要收拾玩具，不知道如何与其他小朋友玩游戏，还有可能不知道游戏规则。所以在一片茫然之后，他的感受不好，会感觉到自己不受关注，也没有办法交到好朋友。

在更多规则的提醒下，孩子有可能惊慌失措，根本不知道从哪里下手，于是就坐着，因为这样可以不犯错，不触犯规则。在家里孩子们肆意放纵的结果，就是在离开家门之后的处处受限。

规则是一个从外到内的过程，是个体受到外界的引导之后逐渐在内心建立的行为准则。规则是一个从内到外的过程，从家庭的内部规则到适应外部社会规则。

这两个特质都要求父母的成长，教育者的提升。我们可以通过游戏的方式，在不同环境中帮助孩子理解规则，从而提升孩子的规则意识。

第11节　认知

~ 认知是个体综合能力的提升 ~

认知是一种综合的能力，通过感官刺激了解世界的能力。从婴儿时期开始发展，没有终点，我们的一生都在认知的道路上，长大的过程就是不断认知世界的过程。

伴随孩子们的自我意识发展，认知周围环境的主动性就会增强。孩子们渴望看到更多，接触到更多，被外界激发更多，这样他们的活动范围才能变得更大。认知能力的发展是对外部环境的不断了解。我把外部环境分成3类，物理环境、人文环境和心理环境。

物理环境是指“物品”或者“事物”，奶瓶、苹果、桌子、树叶、天空、白云……

人文环境是指人，人与人的关系，爸爸、妈妈、爷爷、奶奶、幼儿园老师、小区的小伙伴、一起唱歌的朋友，师生关系、父女关系、同学关系，等等。

心理环境是指情绪，在事件之中的情绪感受。开朗的、内向的、外向的、悲伤的、痛苦的、难过的、愤怒的、兴奋的、难过的、激动的、忌妒的……

孩子们也会慢慢地开始对这3类环境有了认知。认知是一种心理活动，孩子通过动作、语言把这种心理活动展示出来，让我们了解他们的认知水平。

需要提醒的是，没有用语言表达的幼儿不一定对事物没有认知，而是我们只能通过对方的语言来确认对方的认知水平。

除了语言以外，我们是否还能想到其他的表达方式呢？画画、动作、手势、表情、搭建玩具，都是在表达认知的房子。孩子们面前有很多积木，通过积木搭建出来房子，说明他们对“房子”有了具体的认知。

孩子们认识更多人，叫出他们的名字，或者和自己的关系。

“这是姐姐。”

“这是我的姐姐。”

“穿红衣服的是我的姐姐。”

“最开心的，穿红衣服的是我的姐姐。”

以上是一个认知升级的方式。人、人的关系、人的穿着、人的心情。

~ 认知与成长教育的启发 ~

充分地了解认知的发展后，会给父母和教育者带来以下的启发。

第一，创建探索的机会。

孩子们的外部环境越大，他们探索的机会越多，就越能发展认知。这是一个联动的系统，我们来看看是怎么发展的。

奶瓶是孩子最先使用的工具之一，他们通过感知觉的发展建立了与“奶瓶”的联结。

“这个东西装着我想喝的东西，它摸起来硬硬的，但是我喝东西的地方又是软软的。”1岁的宝宝内心想着。

过了一会儿，妈妈拿着奶瓶过来给孩子喂奶，嘴里说“这是奶瓶，就是你吃东西的瓶子，瓶子摸起来硬硬的，这就是奶瓶”。这样的表达帮助孩子把感知觉的内容和“东西”建立了联结。

在接下来的生活中，妈妈不断地说着“奶瓶”。

妈妈会对爸爸说：“去洗洗这个奶瓶。”并把奶瓶递给爸爸。这个动作和语言都被宝宝听到了。

再过了一段时间，妈妈问：“哪个是你的奶瓶呢？”

宝宝会用手指出哪个是奶瓶。再过一段时间，他就会用语言来说出“奶瓶”。

在这个过程中当中，父母做了什么呢？

首先，让奶瓶出现在孩子的生活中；其次，妈妈用语言说出了“奶瓶”；再次，爸爸、妈妈在生活中使用了“奶瓶”，并不断让孩子看到、听到；最后，爸爸、妈妈在生活中创造了让孩子表达“奶瓶”的机会。总结起来，就是父母先让奶瓶出现，然后解释，最后让孩子使用。

在0~6岁孩子认知水平的发展阶段，父母发挥了最重要的作用，创造机会和示范引导，是最重要的。成年人需要给孩子搭建一个通向外部世界的机会，这个过程就是不断提升认知水平的过程。

第二，联动发展。

认知水平的发展是一个多元能力互动的结构。婴幼儿通过感知觉的刺激去接触新事物，然后通过大脑运作建立连接，通过语言的发展进行表达。

在这个过程中，好奇心强的孩子更愿意去接受新东西，会主动地探索；安全感强的孩子会更有勇气去了解陌生事物；规则意识强的孩子会让周围大人更愿意带他们去融入新环境；语言发展好的孩子会让我们更容易观察到他认知水平的提升；自我意识强的孩子会更主动地认知一切。

~ 提升认知水平的方式 ~

人，是一个整体，任何一种能力都不是单一发展的，而是互相影响，互相促进的。我们可以通过以下方式提升孩子的认知水平。

第一，走出家门。

家是温暖的，这样的温暖需要向外延展。孩子把家里的人、东西都认知清楚了，我们需要帮助孩子扩展。我们可以通过图片的方式来帮助孩子认识动物，然后再带孩子去动物园实际参观，我们能够看到大象的外形，听到大象的叫声，还能闻到大象的味道。

男孩们喜欢车，认识各种车的标识，我们可以在家里认知各种功能的车，轿车、救火车、警车……我们可以走在大街上看各种类别的车。孩子们对公交车也是极其热爱的，特别是双层车，乘坐双层公交车是很多孩子最喜欢做的事。当他们坐到第二层，他们的视野改变了，看到的东西形状、大小发生了变化，他们看到了不一样的世界。

我们和孩子一起旅行，也是一个非常重要的认知过程：看到了不同的物理环境，认识了不同的人，体会了不同的心理变化。很多人觉得孩子小，不值得去旅行，花了那么多钱，长大了都不记得了。

但其实，旅行中的孩子受到外界足够多的刺激，大大提升了感知觉和认知水平，这些刺激也许成年后的他们确实遗忘了，但是对那个时候的孩子们则意义非凡。孩子 2 岁去旅行发生的一切，到了他 20 岁肯定大部分内容不记得，但是对 3 岁时候的他肯定有足够大的影响。

第二，把家变大。

家里的空间是有限的，但我们可以通过以下方式把家变大。阅读可以扩展孩子的眼界，帮助孩子认识不同的国家、不同的孩子、不同的天气与气候。我们还可以在阅读之后，询问孩子“你觉得这个孩子的心情如何”，这是对情绪的认知。

我们指着绘本里的大海，询问“这是什么”，阅读可以让我们上天入地，穿越时空。

主题性质的角色扮演也能让孩子走出家门。

孩子们喜欢过家家，很多家庭里都有主题玩具，比如，厨房系列的玩具，医院主题的玩具。在过家家的过程中，我们会发现孩子们念念有词地说着：“你早餐想吃什么呢？我来给你切个胡萝卜？你早上要喝牛奶吗？你需要这个盘子吗？”

在医院系列的游戏中，孩子会戴上听诊器，会测量体温。如果这个时候，大人也参与进来，我们就可以引导孩子关注对方的感受。

在这个游戏中，所有的孩子都喜欢扮演医生，我们扮演的是病人。“这个听诊器放在这里冷冰冰的，我有点怕。”当大人这样表达的时候，孩子就会认知到我们的情绪感受。如果孩子能认知对方的感受，就会让他更好地进入到社会环境中。

所以在这样一个角色扮演的游戏当中，我们再扩展一下，如果我们扮演的是病人，我们对医生要说“你好”，走的时候我们说“谢谢大夫”。孩子通过观察我们的行为学习了礼貌用语、社交规则。所以，一个游戏往往能达到很多目的。

第三，使用不同的方式重复。

认知不可能一次完成，特别是对于0~6岁的孩子，他们需要重复。但是单一方式的重复会让孩子们觉得无聊、枯燥，这就需要我们想到更有趣的方式来重复这些内容。

在教孩子们认识黄色的过程中，我拿着一本书，不断跟他说：“你看，这个颜色是黄色。”每天都重复10遍，这样的重复有用，但是可能会让孩子觉得无聊。

第一种重复，让孩子看到黄色的卡片。

第二种重复，让孩子找到在家里有什么东西是黄色的。

第三种重复，什么动物的颜色是黄色的呢？

第四种重复，让孩子把家里所有黄色的东西都拿出来。

这样重复会让亲子互动变得非常有趣。

第四，回忆帮助认知。

我们需要帮助孩子们，引导他们回忆。比如，在晚上，和孩子说起白天去动物园的事情，你可以和孩子一起讨论说：今天我们在动物园里面喂了一只长颈鹿，你还记得长颈鹿是什么样子的吗？你还记得是在哪里找到的叶子喂长颈鹿的吗？你还记得当时长颈鹿弯下它的头，吃了第一口你喂它的叶子的时候，你的心情是什么样的？通过语言，帮助孩子对已经发生过的事情进行回忆。所以对发生过的事情进行回忆，也是有效地重复内容，会帮助孩子不断地去延展。

如果孩子对做饭感兴趣，他做了一道菜。做完以后，第一次，妈妈说做得真好吃，是她的一个评价。第二次，妈妈发在朋友圈，大家的评价让孩子看到很多点赞。第三次，妈妈可能邀请别人来吃。三次的做法实际上也在做重复，重复的是什么，稳固孩子获得满足的成就动机。

这就是一种重复，也是一种回忆，在重复的过程当中不断让孩子回忆这种感受。

认知水平的提升是个体成长综合能力的体现，这样的综合能力也让我们更好地认识到个人是一个多元发展的系统。

第 12 节　社会化发展

社会化发展指个体在社会中的角色，进入社会环境中的适应能力。

从个人成长来说，幼儿园是个人进入的第一个社会化环境。可能有人认为早教中心才是第一个社会化环境，这句话的表达不够严谨。因为在早教中心，孩子会有父母陪伴，而幼儿园则是孩子独立进入的第一个社会环境。

孩子们进入幼儿园之后，各项能力水平都在逐步显示。

安全感是进入新环境的基础，规则意识帮助孩子能够找到自己的位置和空间，并能和同学、老师建立认同感，情绪认知的水平能让他们更好地表达自己，找到更好与人相处的方式，找到自己的角色。自我意识让孩子们在社会环境中主动，会关注自己的想法，也会主动地表达。

很多父母会困惑：为什么孩子在家里的表现和在幼儿园的表现有差别？这样的差别其实是非常正常的，因为环境的变化，人际关系的变化，都会让个体发生着这样的变化。但值得我们关注的是，我们需要帮助孩子们在多元目标上得到发展，最终能够帮助孩子们在社会环境里找到自己，发挥价值。

孩子们需要有同龄的朋友，一起玩，一起思考，甚至一起闯祸。所以他们需要学习更多的社交方法，也需要知道和朋友们发生冲突的时候怎么做，一起玩游戏的时候怎么合作，被别人冤枉了怎么办，别人成功的时候，可以怎么庆祝。这些社会化发展的能力都是需要在社会群体中才能有机会得到练习的，这也是孩子们要去幼儿园的意义，和更多的人在一起，发展自己的社会能力。父母和教育者要做的，就是在创造环境的同时给孩子们提供练习的机会，并且不断地帮助他们学会并使用这些方法。

人是一个整体，虽然我们对每一个关键点都进行了分析，但是系统发展概念是我们必须要建立的，某一点的发展都能带动其他关键要素的发展。重要的是，我们需要找关键点及各个关键期。

0~6岁的多元化评价标准中，有很多都是通过家庭教育完成的部分，父母建立积极的家庭环境是最好的能够帮助孩子成长的方式。经历了幼儿期的成长，我们正式进入了童年期、青春期、成年期和中老年期。

个体成长在各个阶段呈现出不同的速度和重点，成长教育用一个成长教育模型来分析个体在各个阶段核心能力的成长。

第 13 节　6~18 岁成长模型

经过人生最初的几年，个体在生理、心理和能力上都有了很大发展。他们开始进行社会活动，有的以进入学校作为进入社会的方式，有的以进入社区或者其他活动作为进入社会的方式。成长教育在 5 个方面帮助个人成长，这个成长模型的内容既是评价标准也是教育目标。

这 5 个方面分别是：心理、知识领域、学习力、社会能力、创造力。

~ 心理 ~

心理状态是个体行为的基础，心理健康是影响个人生活幸福的内核。心理让人产生发生行为的意识和动力。心理感受和状态直接影响我们是否有充分的意愿去扩展知识领域，提升社会能力、学习力和创造力。

相应地，在其他四个方面的提高也能更大程度地满足个人的心理需求和激发动机。

个人发展的心理感受分别是：安全感、归属感和自我价值的实现。这三个方面的内容在马斯洛的心理需求层次中也提到过。个体的安全感和归属感得到满足后，个人才会有更大的动机去追求自我价值的实现。

孩子的学习动机大概分成3种：兴趣动机、成就动机和交往动机。随着孩子年龄的增长，他们的成就动机和交往动机就慢慢地增强，特别是进入青春期之后，内心中对朋友的重视，对成就的渴望会引导他们的大部分行为。父母需要认真思考自己有哪些行为给予孩子安全感和归属感，也需要思考如何激发孩子对自我价值实现的渴望。同时，我们也许能分析出孩子行为背后的心理因素。

有时候父母向我提问：怎么才能让孩子爱上学习？

学习是一种行为，“爱上”是一种心理活动。一个成绩落后的孩子，在学校环境中的安全感和归属感有可能偏低，同时自我价值的成就感会得不到满足，因为学校会用学习成绩来作为评价标准。所以，我们需要帮助孩子提高他对自己的评价，也就是社会能力中“自我认知”的部分，当他对自己的能力有信心，又受到来自外部的鼓励，他就开始对好的学业表现有了期待，同时我们帮助孩子提升学习方法，最后才能达到效果。

学业成绩提升，就会极大激发孩子在心理上的满足，同时也会帮助孩子社会能力的发展。青春期的孩子，内心需求转向归属感和自我价值的认可，这样的需求特征让他们把朋友放在第一位，把让自己从朋友那里获得认可和价值放在第一位。

如果青春期的孩子无法在学校群体中获得这两者的满足，他们就会在校外机构寻找，如果还是没有办法，他们就会进入陌生的群体去寻求认可，比如，网络。成绩不如意的孩子如果没法通过学业上的表现来满足自己内心的需求，就会把目光转向其他的可能性，比如运动、艺术和游戏。

这三个方面都属于我最关注的，心理层面的东西。在一个孩子成长的过程中，需要有足够的安全感，才有可能在一个群体中尽量地去获得归属感。而只有当安全感和归属感都满足的时候，他才有可能去追求自我价值的实现。

心理状态的提升能够更好地帮助孩子们去实现自己的理想，并且在这个过程当中能够踏实地去犯错，踏实地去成长，踏实地去竞争，踏实地去面对所有发生的一切。因此，心理的状态是否健康，决定了孩子在很多方面的表现。

或者从另外一个角度来说，积极的心理状态能够带给我们更加稳定健康的生活，而消极的心理状态会让我们非常糟糕。这让我想到了去年我听到过的最让我动容的一段话。说这话的是一个 15 岁的男孩子，他在一年半以前去了加拿大读书，在今年他又回到国内和我们一起去国际游走营。熟悉我，熟悉上濒的朋友们可能都了解，国际游走营是上濒一个非常精彩的项目。我不管多忙，每年都会参与。今年是这些马上就要 16 岁的孩子最后一次参加上濒的营地了。

每个人都有离别的情绪，每个人都有说不清楚的情感。我们最后在哥本哈根的时候，这些孩子和我在一起聊着过去发生的故事，想一想他们要给上濒的祝福。每个人的情绪都难以描述，就连如此能够控制自己情感的我，都难免会有一些失落。

回到国内以后，我们又开始聚会，所谓的离别真的是一个很漫长的过程。这个孩子对着大家说了这样的一句话，深深地打动了我，也让我为自己，为上濒过去15年的努力倍感骄傲。这个孩子对着我们说：“在过去这几年，上濒是我唯一一个可以看得见、摸得着、可以预见的未来。”这句话到今天我都能完整地背出来。这就是这个孩子的原话，他的名字叫作梓屹。

那么，什么是可看得见、可预见的未来？就是安全感，就是归属感。因为不管他发生了什么，他知道有一个地方是接纳他的，不管他在国外经历了什么，他知道他回到这里，就有接纳他的朋友，欢迎他的伙伴，以及给予他温暖，但是又严格要求的老师。

梓屹到了加拿大以后，最开始就读的并不是一个最好的学校，他渴望不断地提高自己，于是在过去的这一年半当中，他已经换到了全加拿大排名最领先的学校，他需要这样的挑战，能够让自己更好。这个孩子在上濒完成了他9年的学习，所有的课程和几乎全部营地。在他最后一次的营地结束时，我和他一起回忆，他第一次进入上濒营地的时候才7岁多，不到二年级，他加入了通识教育的课程，然后加入上濒的营地，没有一项落下。

因为他读的是国际学校，所以每年的冬天他想参加我们的营地，只有一个方法就是跟学校请假，要请一个星期的假，来和我们在一起。我也看到他从一个羞涩的，总爱丢东西的男孩，到现在成长为一个思辨能力非常强，有自己的观点，有自己的态度，能够考虑清楚在团队当中自己的角色和所要付出的努力，这样一个孩子。现在的他已经是模拟联合国在哈佛的一个代表团的主席，应该是一位最年轻的主席。

我记得在几年前，他就经常和我讨论一些世界的大事件，每一件事情他都拥有自己的观点和看法。在人群当中，在团队的合作当中，他会去设身处地地为别人考虑，并且想要成为幕后的支持者，去支持一个刚刚上任的队长，协助他完成带领团队的工作。

在梓屹的身上，我看到的是一种成熟。特别是在今年，最开始他想为上濒做点什么。于是在老师的建议下，他就在构想：如果上濒成立一个校友会，会怎么样？但是经过他的思考，他的答案是不行，现在时机未到，并且给我们写了一份应该有 2000 字的理性分析报告。从他的这些分析中，我能深刻地感受到他的态度，他的认真和他的思辨能力，并且他并没有一腔热血地冲动投入，而是冷静地思考，就算是他对上濒充满热情与渴望。

回到他说的那句话，这是一个他唯一可预见、可看得见的未来。我就在想：到底我们能够给孩子们什么？上濒到底是一个什么样的地方？在过去 15 年的每一天，我们都在把上濒创造成一个安全、接纳、宽容和温暖的地方。

正好 2017 年 3 月 26 日，上濒 14 岁生日的时候，我们向现在遍布在世界各地的孩子发出邀请。你想对上濒说些什么？在很多孩子的答案当中都回答了这个问题，他们会说在上濒觉得自己是安全的，是被接纳的，是被认可的，是放松的，是可以做自己的。

但是从教育研究的角度，为什么可以让孩子们能做自己呢？我们不要讲这些抽象的词，我们说如何用科学态度实现这一点。实际上它源自成长教育的模型，我们对待孩子的成长目标的设定，是一个多元化的评价标准，也就是说源自于这样多元化的评价标准，通过这样的标准，每一个人都能够透过自己身上的某一种特质得到认可，而这样的一种认可度，会让老师，会让教育者，会让所有的人彼此创造出一个能够共同被接纳的空间。所以，这看上去是我们的一种感受是被接纳的，可预见的，安全的，自由的，而它的内核就是多元的评价标准。

所以，个人成长并不是某一个点，而是在一个系统中的互相促进才能完成。

~ 知识领域 ~

知识领域分成人文科学、社会科学和自然科学。知识结构越完整，就越容易接收新的知识信息，并且能在大脑中形成互动。获得这些知识信息的方式有很多，比如，阅读、聊天、看电影、看纪录片或者是自己的实际探索。

完整的知识领域能够帮助我们更好地探索这个世界，在大脑中形成一个完整的知识地图，当我们接收新知识的时候，能够在已有的地图中找到和它相关的内容，并且能够掌握它。

知识信息的获得一般有两种形式，一种是有意识进行，一种是无意识进行。有意识进行一般来说发生在自己为主导去获取，或者是有外力引导下发生。无意识进行指的是学习者自己在没有目的地吸收知识，但却获得了，这样的获得是非常偶然的。

当我们第一次接收信息的时候，这样的知识结构就开始了。我们接触到的信息首先和家庭有关，父母喜欢什么，谈论什么成为了我们第一次无意识接收信息的机会，父母也会根据我们的需求给我们讲故事，去商场公园，这些行为都能帮助我们获得信息。

进入有规律的学习之后，从幼儿园开始，我们的系统化学习就开始了。学校课程的知识体系决定了我们的大部分知识，那么如果学校课程内容不够全面，我们的知识结构还能完整吗？答案是，需要家庭教育认识到这方面的缺失，然后通过家庭教育或者社会教育的方式进行有效的补充。

重点是，我们必须意识到这个缺失的存在。我们进入学校学习的过程中，关于人文科学和社会科学的内容涉猎得太少，我们把很多时间都放在了自然科学上，也就是理工科。小时候总有一个顺口溜在身边念叨："学好数理化，走遍天下都不怕。"从这句话就能看到在我们教学体系中多么重视自然科学的内容。

缺乏了人文科学和社会科学的涉猎，实际上我们很难寻找到自己。文化的形成，社会的发展，历史的进程，都和人文、社会有关。这种缺乏让我们失去了很多和历史对话的机会，也让我们无力设想未来。

通识教育强调知识结构的完整性，在于宽，而不在于专。通识教育把内容分成了社会、伦理、宗教、科学、人文、哲学等方面，里面几乎涉及了所有的种类。

搭建完整的知识领域并不是要求死记硬背这些知识，重要的是知识结构的建立，让我们有支点可以展开。

2002年，在我回国后进行的调查中，可以明确看到学生在知识结构上的欠缺，这也是在6~18岁的孩子中创设通识教育很重要的原因，因为我们需要同步孩子大脑发展的节奏去帮助孩子扩展这些知识种类，把支点伸到更远的地方。让孩子们拥有探索更大的世界的可能。现在有很多成年人开始对人文和社会科学感兴趣，通过各种方式学习，了解社会，如果这些成年人在更早的儿童期就拥有这样的机会，我想对于人生的选择将会意义非凡。

张宇琪，一个15岁的高中生，参加我们的关于北京人口变迁的课题研究，最后演讲发言中说道：

“于我来说，关键可能是学习上重心的改变，我记得去年还是前年这个时候吧，我说过一句话，上苍创造世界，理科生解释世界。现在看来虽然这句话是对的，我觉得理科是自然的语言，人文是上苍的语言。今后不仅在数学上这么一直研究，我可能会在人文、社会领域上多做研究，其实这次课题让我最有成就感的是，把这两者结合在一起，相当于用数学建模的方法研究了人文方面外来人口的变化，这是让我最感到欣慰的事。”

确实，这样的可能性让我们觉得生活非常地美好。多学科的融合也是社会发展的趋势，职场上跨界的合作越来越多，社会已经对教育提出了要求，而我们却错失了很多机会。丰富学校的知识体系需要很长的时间，所以重要的还是父母的眼光。父母需要认识到完整知识结构的重要性，就能去选择补缺的社会教育机构来帮助孩子。

~ 学习力 ~

学习力是指个人的学习能力，包括 3 个方面的内容，学习方法、学术研究的方法和学习的持久性。

学习方法指个人是否拥有独立学习的方法，面对不同的学习内容和类型，能够快速适应。包括自主学习的能力，能够根据目标规划自己的学习时间，安排学习任务，设立学习目标以及完成路径。

个体在不同年龄阶段需要提升的学习力不一样。比如，注意力。刚进入一年级的孩子，单纯注意力集中的时间是 15 分钟，也就是说在没有外部环境的影响下，比如老师有趣的讲述，同学之间的讨论，单纯注意力集中时间也就是 15 分钟。当我们知道这个评价标准，就不会因为孩子在一堂 40 分钟的课堂上专注力不够集中紧张，而是会想办法帮助孩子提升。

小学阶段低中年级是孩子们模仿别人学习方法的阶段，慢慢地他们开始摸索出自己的学习方法，这对于小学阶段的孩子来说特别重要。因为初中的学习基本上都是孩子独自面对，所以在小学阶段培养孩子拥有自己的学习方法非常重要。低年级的孩子需要慢慢建立单一任务学习的管理和计划，慢慢进入到学习多任务管理的状态。从计划第二天要交的作业，到学会计划一个月之后要交的作业。可惜，当我们没有看到这些多元目标的发展需求时，我们就没有办法给到孩子练就学习能力的机会。

学术研究的能力是一个比较高级的能力，主要表现在学习者是否能够提出疑问、假设一个观点，并且通过搜集大量的材料来论证所提出来的疑问、假设和观点。

学术研究的能力是从“提问”开始的，特别强调我们不能一味地接受别人告诉我们的观点和答案，而是需要自己提出观点，再去论证。这个要求我们要有强大的逻辑能力和较宽的基础知识领域。这也是需要通过孩子们的一点一滴的练习慢慢培养。

2016年，我在上濒开启了一个学术研究的项目，我的好朋友，哈佛大学的访问学者邱源媛老师在上濒和孩子们开始了“论北京外来人口古与今”半年期项目，但实际上这个项目持续了将近一年。对于长期浸泡在上濒的孩子来说，难的不是提出问题，也不是假设，而是在论证过程中反复地思考，还要用逻辑的语言表达出来。收集信息的过程中，孩子们使用的方式包括网络收集、图书馆查找资料，以及面对面采访形式的田野调查。

学术能力的提升还和独立思考的能力以及知识领域的结构有关，也和学习的持久性有关。

学习的持久力也可以称为“大脑体能”，指的是大脑能够保持一定学习状态的时间。

我们是否有过这样的经验，平时做练习的时候，每一道题目都会，但是一到考试的后半段，我们就晕掉了。实际上不是不会，而是“大脑体能”跟不上，所以会的也变成不会了。这个时候，就需要提升我们的“大脑体能”。很多孩子渴望学习，但是看看书就累了，因为他们缺乏练习。

学习力是一种让我们受益终身的能力，特别是对于生活在信息更新换代的我们而言，学习力能让我们拥有更多的选择。现代人更换职业是家常便饭，让我们更换行业最基础的就是学习能力。

我就是一个很好的例子。从学者到带领团队，很多内容都是全新的，需要我随时投入到新的知识中找到最核心的内容，不仅仅需要学习，还需要高效地学习，并且能够把学习到的内容运用到实践中。

有一个统计，现在大学生毕业的时候，他在大学四年学习到的知识已经有 70% 的内容被淘汰了，也就是说我们必须随时充电。

回忆过去的这一年我脑海里面出现的各种新词：KOL、MCN、知识经济、共享经济、小群营销。这些词在我视野里出现，我需要各种学习才能迎接这些挑战。

这些，都需要我们从小在各种学习中不断培养自己的能力。

~ 社会能力 ~

社会能力指的是我们融入社会并且能够在其中拥有提升并获得幸福的能力。一共分成 4 个方面的内容：自我认知、独立思考、沟通表达和团队合作。

自我认知是个体对自己的认识和了解，包括外貌、性格、能力、心理以及喜好。自我认知强的个体能够清晰知道自己的特征和能力，在环境中能进行有效的选择，对自己有比较准确的判断，不会被外界的评价击垮。自我认知弱的个体通常对自己的评价依赖于外部评价，比如有人说她不聪明，她就会觉得自己不聪明，而没有自己的辨识。这样很容易被别人牵着鼻子走，依赖别人，在别人的指导下能够完成各种活动，但是独自一人时就不会自我安排，无所适从。

自我认知的发展和6岁以前的自我意识有很大的关系，同时也会受到家庭环境的重要影响。自我认知的发展还受父母、教育者和同伴的态度、评价及期待的影响。父母在家庭生活中可以创造更多的让孩子进行自我评价的机会，尽量克制自己总是第一个评价孩子的渴望，并且要客观地帮助孩子分析别人对他的评价，找到两者之间的差别。

准确的自我认知是让我们走向幸福的钥匙，现在这把钥匙在哪里呢？

我发现，在家庭生活中，父母会有大量的评价，或者有时候的评价包含很多的安慰、鼓励的成分，很难做到客观。这里面当然有很多情感因素，我们担心孩子不开心，或者不能听真话，要知道，学习面对客观评价也是孩子们重要的一课。

在我们的课程中，一直把自我认知作为非常重要的内容。老师们创建很多机会让孩子们评价自己，并且会给孩子们示范，让孩子们更多地关注自己完成任务的过程，而非任务结果。

在世界通识第一阶段的中国传统文化板块，我们有一个内容叫“文房四宝”，在课程的结束阶段，孩子们需要回答一个问题：“你认为什么是你的四宝？”这个问题给孩子机会去思考：“什么是我最珍惜的东西，什么是我最重要的人？”这些就是关于自我认知的思考。

在营地的策划中，每天晚上的营地会议，老师都会带着孩子一起讨论：“今天我们怎么样？我们的情绪怎么样？我们的表现怎么样？我们是否给予彼此足够的支持，我们还有哪些需要提高的地方？”

为什么能把“自我认知”在上濒所有的教育项目中凸显出来？因为知道自我认知的价值，这个源自于成长教育的多元化目标，同时也因为我们有专业的教育研发能力，能够让我们想得到，并且做得到。

独立思考是一切行为的开始，强调的不仅仅是思考，还有独立。

初期需要培养孩子们的意识，让他们敢想，愿意思考，在意识打开的同时提高他们的思考能力。独立思考包括批判式思维、思考的多样性和论证能力。独立思考能让孩子不随波逐流，做出自己的判断，与快速发展的社会一起前进，拥有实现自我价值的能力。独立思考能力可以帮助孩子打开心态，能够更开放地接受不同的观点，为我所用。独立思考可以保持思想的新鲜度，提升创造力。

父母在家庭教育中需要强调互动，提供探索机会，多提开放性的问题，并且不能只是强调唯一答案。思考能力是可以通过后天培养的，在吸取知识的过程中，我们的教学方式的差异化就能帮助孩子们拥有不同的收获，这就是和教学方式有关。

下面的这个例子非常好地诠释了在获取同样的知识领域的过程中，

由于方法不一样，孩子们获得能力提升机会是有很大差别的。

A班级和B班级都在学习秦王嬴政统一六国的过程。

A班级的老师采用的是老师讲故事的方式让孩子们知道统一六国的过程。孩子在获得统一六国知识的同时，提升了对于老师讲解的理解能力。

B班级的老师首先把同学分成4个小组，并且发给同学一些文字资料，上面说明了当时六国的情况，地理位置、粮草军备、人口经济等情况。老师给到20分钟的阅读时间，并且让他们做出一个选择：如果他们是当年的秦王嬴政，他们怎么打。然后让每组派一个同学上来讲述他们的计划。最后，老师公布了当年秦王嬴政的战斗路线图，让孩子们一一比较。这个过程，孩子们在获得统一六国知识的同时，锻炼了独立思考和沟通表达的能力。这是上濒通识课程在中国历史课程中的一个小内容。我们可以清晰地看到教学内容帮助孩子们在知识领域上获得拓展，而教学方式决定了孩子们在哪些能力上获得提升。人，是一个整体。当我们的独立思考能力提升之后，才能言之有物，也是沟通表达能力的基础。

沟通表达是关于输出的两个内容，沟通强调和对方产生的互动，表达则是自己想要输出的关键。沟通表达的方式也很多，语言、肢体表情，也可以通过文字、图片、视频完成。沟通表达的基础是独立思考，想得到，还能说出来。

对于孩子来说，首先是有想要沟通表达的意识，其次才是提高能力。

孩子小的时候，我们一定要鼓励孩子多表达。但是孩子为什么还是不愿意说呢？这和我们的关注有关系。当我们关注孩子说得怎么样的时候，如果结果没有孩子预料中那么好，就会“堵”上孩子的嘴。

孩子是否愿意表达和成长模型中心理状态的关系极大，因为沟通表达都属于外化的行为，也就是通过行为表现，也就意味着一旦做了就会被评价。所以只有当个体感受到安全的时候，他才会大胆地沟通表达，自己强烈的自我价值实现的愿望，也会让他们敢于表达。

沟通能力的重点还在于是否能觉察到对方的感受和内心渴望，还需要选择合适的时间和方法，所以沟通是一个非常多元化的能力。

表达能力中很重要的一点在于多样的表达方式和对事件的把握。10分钟表达一个观点和2小时表达观点都是很有挑战的，而个体选择根据要求发展最好的方式表达自己的思想。在成长教育的系统中，沟通表达这一项评价标准也就是目标，就有几百个词条。

团队合作指的是在团队中能够找到自己的位置，能与团队中其他成员合作，能努力完成团队目标，并能面对出现的结果。团队合作考查两种角色的能力，一种是作为成员的意识和能力，另外一种就是作为领导的意识和能力。团队合作能力的培养是一个长时间的过程。

家庭也是一个团队，家庭成员之间的合作就是团队合作，爸爸妈妈，爷爷奶奶，外公外婆，孩子，还有其他亲戚一起，就是一个大团队。学校班级也是一个团队，孩子们之间的相处，孩子和老师之间的合作，也是成长中的提高机会。运动是非常好的提高孩子团队合作能力的方式，对抗中的合作、比赛，都能提升每个人对自己角色的认知。

上濒有自己的橄榄球队，SNG（Schwabing never give up）是我们的队名，在每次训练的最后，都会有一名队员进行今天的训练总结。每个赛季结束还有比赛。

有一次，我参加了SNG这个赛季最后一次练习，教练总结时提到：“橄榄球运动是一个有压力的运动，因为有强度非常大的对抗，因为每个人都很重要。每一次得分和所有人都有关系，因为每一个角色付出的努力才能完成最后的推进。但是出现失误，我们就需要有人挺身而出来承担责任。这就是橄榄球。在这个赛场上，你们每个人都是领导者。”我最后和孩子们一起感谢了付出辛苦努力的教练，感谢了为我们提供学习机会的父母，也感谢了我们自己。

因为，我们也是团队中的一员，也完成了这样的合作。

~ 创造力 ~

简单地说，创造力就是解决问题的能力。社会高速发展的今天，带给我们最大的启示就是学到的知识永远不够用，而让自己脱颖而出的并不是那些学校里的知识，而是一种抽象能力。这种能力帮助每个职业的人在自己的岗位上脱颖而出并创造新价值，也能让我们不被高速发展的社会淘汰，这个能力就是创造力。创造力是一种提出或产生具有新颖性（独创性和新异性等）和适切性（即有用的、适合特定需要的）的工作成果的能力（Lubart,1994;Ochse,1990;Sternbert,1988a;St ernberg & Lubart,1991、1995、1996）。个体与创造力相关，体现在诸如解决工作和日常生活的问题的时候，对于全社会来说，创造力可以导致新的科学发现、新的艺术革命、新的技术发明和新的社会规划。而且，为了保持必要的竞争力以适应环境变化的需要，无论是个体、组织还是社会都需要创造力。

创造力是解决问题的能力。在世界各地关于创造力的众多研究中，我看到了以下的共同点。

1. 先天禀赋和后天培育都是创造性表现的重要决定因素。

2. 所有具有正常智力水平的人都有一定程度的创造性潜能。

3. 创造力不是一蹴而就的，而是一种思考和行为习惯的养成。

也就是说，可以通过科学系统专业的方法激发个体创造力的潜能，而这种有效的培养需要从小开始。

关于创造力的大量文献中提到了很多影响创造力的因素：能力、兴趣、态度、动机、知识、技能、习惯、认知、激情、社会性等。这些因素在决定个体创造力程度方面扮演着重要角色并相互关联的作用。总的来说，创造力的发展是以健全的知识领域、极高的学习力和充分的社会能力为基础的。

创造力是解决问题的一种特殊方式，解决问题的过程是一个完整思考过程的体现。例如纽威尔、肖和西蒙（Newell、Shaw& Simon,1962）将创造性活动描述为“一类特殊形式的问题解决活动，是以新颖性、非传统性、坚持性和问题表述上的困难性为特征的”。很多学者提出了问题解决的概念模型，其中有人明确指出创造性问题解决是以阶段性和逐步性为特征的过程（Bransford & Stein,1984;Dewey,1910;Hayes,1989;Johnson,1955）。一般而言，这些模型认为问题解决过程可以分为4~6个阶段，开始于发现问题、认识问题、定位问题或提炼问题，途经某些与寻求可能的解决方法或实现最终的目标有关的各种阶段，最终对各种方案进行评估，找出一个最好的，有时还需要反思这个过程或者寻找各种方法来检验结果。

全新的学生评价体系——A New Model

由近百所美国顶尖私立高中组成的联盟Mastery Transcript Consortium（MTC）发明了一种全新的学生评价体系——A New Model。它不含分数，也不评级，而是会持续追踪记录、评估学生的8项能力。这8项能力包括：

1. 分析和创造性思维（Analytical and Creative Thinking）。

2. 复杂沟通——口头及书面表达（Complex Communication—Oral and Written）。

3. 领导力及团队合作能力（Leadership and Teamwork）。

4. 信息技术及数理能力（Digital and Quantitative Literacy）。

5. 全球视野（Global Perspective）。

6. 高适应性、主动探索、承担风险（Adaptability, Initiative, and

Risk-Taking）。

7. 品德和理性兼顾的决策能力（Integrity and Ethical Decision-Making）。

8. 思维习惯（Habits of Mind）。

我们来看这个 A New Model 与成长模型的比较。

成长模型包含以下 6 个要素。

1. 心理。高适应性、主动探索、承担风险（Adaptability, Initiative, and Risk-Taking）。我们强调的心理健康是一个人发生行为的意识和动力，个人的心理状态直接影响他是否有动机去扩展知识、寻求提升，遇到困难时的应对方式，体现出的结果就是是否能够迅速适应环境、敢于突破和进行探索。

2. 知识领域。成长教育非常强调学习载体的丰富性，只有在学校的科目考试的时候，知识才是按照科目划分的，但是在现实生活中，在更广阔的世界里，知识的体系是更加复杂和丰富的，是多元的。因此，在上濒的教学体系里，教学内容是强调融会贯通的知识体系，是不分科目的全知识。

在 A New Model 中特别提到了全球视野（Global Perspective），内容如下。

- 建立跨学科的知识和视野（Develop cross-disciplinary knowledge and perspectives）。

- 对他人不同的价值观和习俗保持开放的心态（Develop open-mindedness, particularly regarding the values, traditions of others）。

- 理解非西方的历史、政治、宗教、文化（Understand non-western history, politics, religion and culture）。

- 建立有效的跨文化的社交和智力技能（Develop social and intellectual skills to navigate effectively across cultures）。

- 使用21世纪的技能去理解和解决全球问题（Use 21st century skills to understand and address global issues）。

- 对有不同文化、宗教和生活方式的人保持尊重和开放的心态，向他们学习、同他们合作（Learn from, and work collaboratively with, individuals from diverse cultures, religions, and lifestyles in a spirit of mutual respect and open dialogue）。

3. 学习力。包括了学术能力培养。在学术能力细项中，包括时间管理能力、目标管理能力、学习方法使用能力等自主学习习惯；同时也包括了学术研究中的提出问题、信息的搜集与整理、研究方法的设计和使用、观点的提出与论证。对应到 A New Model，与它所提到的“提出有意义的问题（Formulate meaningful questions）”“时间管理能力（Time Management）”“自我效能（Self-Efficacy）”几项能力要求是完全一致的。

4. 社会能力。自我认知：A New Model 中并没有单独提出，不过，一个人的自我认知会对他的心理状态有直接影响，同时影响到他是否做到A New Model中的高适应性、主动探索、承担风险，例如，建立灵活、敏捷的适应能力，将失败看作学习的机会，认识到创新包含少数的成功和频繁大量的错误。而不是不能客观评价事情，对自己过于自大或者自卑。

5. 独立思考：包括了思考的态度和质量，思考的态度包括思考的独立性和开放性，思考的质量包括逻辑性、全面性以及深度，综合起来和 A New Model 的描述几乎是一个意思。

在 A New Model 中，以分析和创造性思维为主的能力描述与成长模型的能力体系极为相似，列举如下。

- 辨别信息的真伪、偏差及其是否全面（Detect bias, and distinguish between reliable and unsound information），我们强调思考的全面性以及独立性，其实就是需要有独立的辨识和判断能力。

- 从多角度看问题（Imagine alternatives），就是强调思考的全面性。

- 能持续推理（Engage in sustained reasoning），与思考的逻辑性的要求是一致的。

运用知识和创造力去解决复杂的真实问题（Use knowledge and creativity to solve complex “real-world” problems）。知识是载体，思考能力的体现就是在解决问题中实现的。

- 勇于探索新的角色、思想和策略（Cultivate an independence of spirit to explore new roles, ideas, and strategies）。

沟通表达：包括了表达和沟通，其中表达包含准确表达和逻辑表达，沟通包含接收和反馈，从表达的角度强调了输出的能力，与思考能力结合后就是 A New Model 中提到的说服他人。

在 A New Model 中，能力项复杂沟通——口头及书面表达(Complex Communication — Oral and Written)直接表明了沟通表达能力的重要性。它包括的细项能力如下。

- 用 2 种及以上语言去理解和表达（Understand and express ideas in two or more languages ）。

- 与不同类型的受众清晰交流（Communicate clearly to diverse audiences）。

- 用心倾听（Listen attentively）。我们要求能够具备倾听他人表达的观点和感受，并且能够理解别人表达背后的动机、意图和原因，还能不同形式表达出的内容。

- 有效的口头表达（Speak effectively）。口头表达和书面表达都是我们表达能力中的要求。

- 向不同类型的受众进行清晰简明的书面表达（Write clearly and concisely—for a variety of audiences）。

- 阐明信息并有效地说服他人（Explain information and compellingly persuade others of its implications）。

团队合作：包含合作能力和领导能力，合作能力又分为完成自己的任务、在团队中与他人沟通、团队中对同伴提供支持；领导能力包括制定团队目标和完成目标的能力，能够通过分析资源制定合理的团队目标，并且进行合理的资源分配和任务分工。

与 A New Model 的描述基本一致：领导力及团队合作能力（Leadership and Teamwork）。

- 提出新想法（Initiate new ideas）。

- 通过影响力领导（Lead through in influence）。

- 赢得信任、解决冲突、为他人提供支持（Build trust, resolve conflicts, and provide support for others ）。我们要求能够了解他人的需求并且表达出提供支持的意愿，然后是能够提供有效的支持。

- 领导小组讨论、达成共识、有效谈判（Facilitate group discussions, forge consensus, and negotiate outcomes）。

- 做他人的老师、教练、顾问（Teach, coach and counsel others）。

- 寻求帮助（Enlist help）。完成自己任务的能力中，我们有一项能力是能借助团队的资源完成自己的任务，其实就是需要能够有寻求帮助的能力。

- 完成协作任务、管理团队、分配任务（Collaborate tasks, manage groups, and delegate responsibilities）。

- 执行决策、达成目标、分享荣誉（Implement decisions, meet goals , and Share the credit）。

6. 创造力。简单地说，创造力就是解决问题的能力。

在 A New Model 中，分析和创造性思维（Analytical and Creative Thinking）中提到以下内容。

- 解决没有依据可循的新问题（Solve new problems that don’t have rule-based solutions）。

- 运用知识和创造力去解决复杂的真实问题（Use knowledge and creativity to solve complex “real-world” problems）。

通过以上分析我们可以看到，成长模型中的多元目标与 A New Model 是一致的。好的教育理念不分东西，一直都是我们共同追求的目标。

人是一个全面发展的系统，每一种能力都互相呼应，紧密相关。心理的积极状态影响了学习力，学习力的强弱决定了在知识领域和社会能力方面吸收的快慢，而社会能力又决定了创造力的强弱。

这就是成长教育的“道”，要运用科学的方式多元化地看待个人的成长。

这些能力既不是天生的，也不是成年之后才有的。这些方面的发展都是在成长的过程中通过不同类型的学习获得的，这些机会出现在家庭教育、学校教育和社会教育中。越完整的教育就越能创造成健全的教育机会，而不会出现严重缺失，遗憾的是，在中国我们正在经历着这样的缺失。

造成这种缺失的原因并不是单一的，也不是某一方能够改变的，核心原因是对个人成长的科学规律不了解，对于社会发展没有足够的判断，所以会出现只考虑目前外部环境的需求，而忽略了个人内在渴求；只应付目前的需要，没有站在未来看成长的各个阶段的联结。

~ 教育的 3 个主战场有待提高 ~

第一，家庭教育的主导不够。

家庭教育是教育核心，家庭教育需要承担更多的教育责任，而不是把太多的责任交给外部力量去完成。不仅直接为个人提供教育环境和机会，还有一个重要的责任，就是父母为孩子选择了学校教育和社会教育。父母能够选择学校教育的可能性不大，但是对于社会教育，家庭却有绝对的选择权，但是由于缺乏对个人成长规律的认识，在社会教育的选择上经常陷入重复的问题。

有的父母没有意识到非学科成绩的重要性，只是把关注点放在学校成绩上，所以在选择社会教育时，仍然会选择学科类补习来帮助孩子提高分数，而忽略了孩子在其他方面的发展；有的父母意识到学校教育不能够满足孩子成长的需求，也认识到非学科考试的重要性，但是还停留在认识层面，仍然会选择学科类补习班来完成。

第二，学校教育发展的速度没有跟上社会和个人发展的需求。

学校教育在进步，但是没有跟上社会和个人发展的需求。而教育者提高也需要更多的渠道和时间，所有关于“人”的培养都需要时间，我们也需要给老师提升的空间和时间。学校和家庭之间的信任降低，没有形成积极有效的合作关系，而是一种强弱关系。

第三，社会教育没有完成有效的补充。

社会教育的绝大部分内容还是集中在学科教育的补充上，比如大量的英语培训、升学培训。最近几年，艺术教育的内容在增加，但是对于教育内容和方法上还是倾向于技能居多。运动教育还停留在启蒙阶段，对运动教育的认知还停留在强身健体，对运动在能力和心理方面的价值认知不够。

一方面，社会教育没有做到补充，但同样市场状况也反映了父母的需求还停留在与学校重合的部分。父母需求的转变会带来社会教育市场的转变，从这个角度同样证明了，家庭教育的选择至关重要。

科学成长规律帮助我们了解个体在不同成长阶段的特点：首先，让我们能够理解孩子行为背后的原因，做出判断减轻焦虑；其次，能够帮助我们为孩子提供成长的需要，也能让我们选择满足孩子成长需要的教学内容；最后，能够帮助教育者研发出更多适合不同成长阶段孩子需求的教育产品和方法。

成长教育的“道”，教育者的“道”，父母的“道”体现在对个体的评价体系上。即对孩子的评价是否全面，是否符合孩子的成长规律。

显然，对孩子的评价只局限在学业上的成绩表现，但又标榜看重孩子的全面发展，就是矛盾和不合理的。

成长教育的评价体系是全面的，是“动态”的，因为我们渴望用动态来评价个体的成长，这样的“动”代表着人生的无限可能性。

在上濒，针对 6~18 岁孩子的评价体系中共有 200 多项内容，这些内容和成长教育的价值观一致，也符合各个年龄阶段科学成长规律。

评价体系的内容既是对孩子的评价，也同时作为孩子在某一个阶段的成长目标。父母的家庭教育、父母选择的学校教育和社会教育都应该与之匹配，三方合作达到目标。

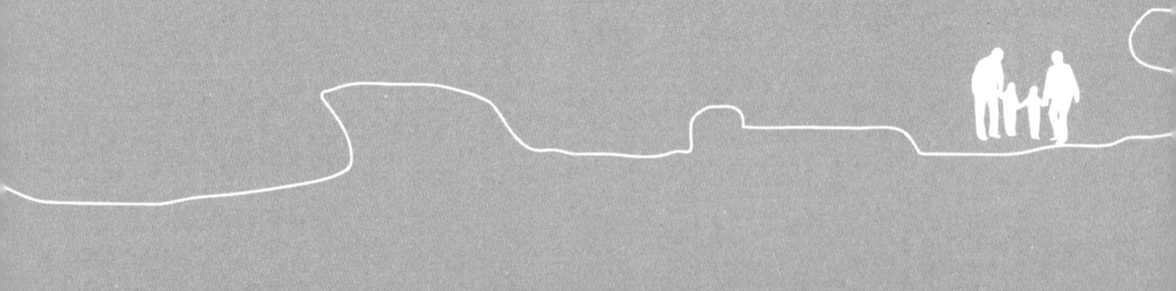

第3章 成长教育的"法"

第1节　教育规划的价值

在讲述教育规划的方法之前，我们来看看以下的问题是否经常带来烦恼。

1. 我到底应该怎么选幼儿园？

2. 校外培训班到底上不上？

3. 又想让孩子玩，又觉得补习班不上不行，怎么选？

4. 坚持了5年的钢琴，孩子突然说不想继续了，我们需要坚持吗？

5. 选公立学校还是私立学校？国际学校真的有那么好吗？到底要不要出国留学？

6. 什么时候出国读书是最佳时期呢？

这些问题带给我们焦虑，家庭成员之间的矛盾层出不穷，面对选择患得患失，身边有朋友在教育上做了不同的选择，就会让我们开始担心选择，甚至会自责由于自己没有足够的经济实力所以没有办法给孩子提供“更好”的教育机会。

这些所有的矛盾都源自于一个核心，目标不清晰。

当我们的目标没有沟通清楚的时候，便会发现每天争吵的那些细枝末节让我们崩溃，到最后，大家不欢而散。

当矛盾表现在选择公立学校还是国际学校的问题上时，实际上，暴露的是我们在方向上，希望孩子成为什么样的人的问题，暴露的是我们对公立学校和国际学校的认知不同的问题，我们可能对两种学校的教学内容和方法都不了解，却总在各自不同的假设中来争吵。

教育规划能够帮助我们明确目标，能够通过成长体系中的多元化目标，让家庭成员形成目标一致，通过对教育机构的考察形成一致的判断，在后面的内容也会介绍考察教育机构的方法。成长教育能够帮助我们掌握主动权，不依赖外部力量，而是从家庭出发，结合学校和社会教育资源帮助个人达成目标。

当我 2002 年回到国内的时候，最想做的项目实际上就是教育规划。因为在国外看到太多留学生活不顺利的同学，深入了解之后发现很大一部分原因就是没有做好留学的准备，也有很多人不适合海外留学。那么为什么要出国呢？为什么决定出国又没有做好准备呢？这些都和教育规划有关。

父母送孩子出国的时候，考虑的就是一件事，“怎么让孩子出国”，但是从教育规划来看，出国读书只是成长中的一个阶段，除了考虑怎么出国，更应该考虑“孩子需要做哪些准备才能在国外把书读好”。我们没有考虑孩子的能力，所以也没有办法帮助孩子做好过渡。

另外由于对国外的教育不理解，总认为“国外学习轻松”，或者“在国内读不好的孩子，在国外就能适应”。所以我们根本没有认识到孩子们要面对的挑战实际很难。

国外的学习内容和国内有区别，但是同样有要求，同样需要花费大量时间。

如果出国留学成为孩子成长的唯一出路，那么家庭的压力就会是巨大的。就会想着拼命挣钱供孩子出国留学，这样的做法不仅会让家庭经济状况陷入紧张，也会给孩子带来巨大的压力。没有一种学习方式能解决所有的问题，家庭需要根据自己的情况量体裁衣，这样才会让每一个家庭成员幸福。

教育规划是理性的分析判断和决定，而不是跟风追求虚荣的情感判断。中国社会的高速发展也让我们意识到教育规划的重要性。

20 年前，银行的作用就是存钱、取款。现在银行的作用在于理财，各种理财产品的售卖，基金债券的推荐，核心都指向了理财规划。每个家庭的收入来源是工资，现在已经有了大量的非工资收入的来源。经济发展让每个家庭可支配的钱变多了，于是就需要规划。

经过理财规划的家庭收入远远超过同等收入的不理财家庭。当我们有更充分的资源可供调配，社会也提供了更多选择的可能性，是否进行规划则拉开了距离。

30 年前，我们只能上家门口的幼儿园、小学，我们只有通过高考才能完成大学学习。那个时候我们没有其他选择。30 年后的今天，各种类型的幼儿园让我们拥有更多选择的机会，在学校的选择上同样难以抉择。

如果不进行合理的规划就会让更多的资源成为我们的困扰。规划除了能够帮助我们做选择，还有一个特别重要的作用，就是帮助我们做准备。我们需要知道幼儿园对孩子的要求，小学对孩子的要求，大学对孩子的要求，生活对人的要求，我们才能在点滴的生活中做好准备。

最近10年，我们最大的一个生活上的变化是考虑问题的广度和长期性开始在增加。我们需要做教育规划，那么什么样的家庭需要规划？

每个家庭都应该有教育规划的意识，教育规划的能力需要父母的学习。

父母和教育者需要有远见，能够引领孩子的成长，能够知道在每个阶段孩子的成长最需要什么。眼高，源自于父母和教育者能够不断地理解科学成长规律，还需要对生活中能够选择的学校教育和社会教育做一个全面的了解，才能达到“法”。

这样的选择，就是教育规划。

我发现有很多父母都是“愤青”，在教育中提到两个词会激怒他们。一个是“规则”，另外一个就是“规划”。一提到规则，就觉得是在限制孩子成长，让他们成为没有思想的人。规则是一个中性词，好的规则就是帮助孩子成长，当然错误的规则就是妨碍甚至伤害孩子的成长。但是我们不去研究如何制定出好的规则，反而一提到“规则”就认为是在限制孩子。如果规则是激发孩子的好奇心，允许他去探索。这样的规则是限制，还是在激发？

另外一个词就是“规划”，很多人会跳起来说：“不要去规划孩子的人生，他们有自己的路要走。不要规划。”确实，我们不能规划他人的人生，就算是我们给予了生命的孩子，也是不可以的。

但是，教育规划并不是在规划孩子的人生，而是在从一个系统角度为孩子发展选择一个教育组合，需要根据孩子的特点，家庭资源及所生活的地区做一个能够满足孩子成长需求的教育组合。

美国人的观念在过去60年间经历了两次重大变革，每一次都是因应发展心理学家的观点之变而变。第二次世界大战之后，儿科医生本杰明 · 斯波克博士出版了《斯波克育儿经》。作者在书中谆谆教诲婴儿潮一代的父母们采取放养式的教育，让孩子按照自己的兴趣和节奏去自由发展，而不是压制子女，让孩子们追赶成年人生活的日程和规则。那一代父母因此推崇放轻松的教育理念，追求同孩子一起共享天伦之乐的生活。但是20世纪80年代起，关于何为好父母的主流观念和社会规范就开始发生转向，特别是自90年代开始，斯波克的 “放任教育” 越来越为人所摒弃。新一代的父母开始转向 “精密教育” 的新模式，一部分原因正是由于关于大脑发育的科学新知。

安妮特 · 洛罗是研究家庭志权威学者。她在自己的研究中厘清了当今美国社会中出现的两种父母教育模式，并将之命名为“精心栽培型”和 “自然放养型” 的教育，更重要的是，父母的教育模式，是由父母的阶级地位所决定的。

精心栽培的教育，主要是指中产阶级父母的育儿方式。这一类父母从一开始就为子女做教育投资，有意识地培养孩子的认知能力、社交技巧和文化素养。

自然放养的教育则放手任由孩子发展，让他们更多地凭借自己的天分和运气。在这样的教育模式下，父母没有什么计划，也不怎么干预孩子在学校的表现。

我们对个人成长理解的变化，也会带来父母教育意识的转变，这些变化都在帮助我们重新认识教育规划。教育是一套组合拳，家庭教育、学校教育、社会教育互相配合才能达到目标。

这些目标就是“道”，规划就是实现“道”的策略。

教育规划就是帮助家庭成员解决教育选择上的问题，形成家庭教育、学校教育和社会教育的组合方案。

第 2 节　教育规划系统（EPS）的定义

“道、法、术、器”中的“道”指的是方向，在成长教育的体系中，指的是价值观、科学的成长规律和基于两者呈现的评价标准；“法”则是指与价值观和科学的成长规律及多元评价标准保持一致的策略规划，是把目标落地的过程。

在古尔（Gihor）城边，有一座城市，城里的居民有不少是盲人。有一次，国王及其随从、车队经过这里，在城边安营扎寨。据说，国王骑着一头大象，令居民们都十分敬畏。所有人都希望看到这头大象，就连城里的一些盲人也随着疯狂的人流拥向国王的营地，去看大象。他们当然看不见大象长什么样，只能在黑暗中摸索，把一片片记忆拼凑起来。

每一个盲人都认为自己是对的，摸到耳朵的盲人说：“大象是一个很大、很粗糙的东西，宽阔而平坦，就像一块厚地毯。”

摸到大象鼻子的盲人说：“你说得不对，大象是一根直直的、中空的管子，很可怕。”

另外一个盲人摸到大象的腿和脚：“大象是强壮有力的，很结实，就像一根粗柱子。”

每一个盲人都真切地感知到大象身体的一个部分，但他们的理解也都是片面的。

这是一则古老的寓言故事，它告诉我们一个简单却经常被忽略的真理：不能只通过了解系统的各个构成部分来认识系统整体的行为。

教育规划也是如此，我们需要看到家庭、学校和社会教育的全貌，才能制订出系统的教育规划。

教育规划是父母围绕个体成长的多元化目标，根据自己的家庭情况和资源规划制订出家庭教育、学校教育和社会教育的合作方案。

成长教育是全人终生的教育，家庭是个人发展的终生环境，所以家庭需要对孩子的发展承担主要责任，除了家庭中的影响，还有搭建孩子的教育规划，找到最合适的方法。

学校教育和社会教育也应该从全人发展来系统研究在教育教学的

时间阶段和场景中需要给个体发展提供什么样的帮助和支持。

基于这些原因，我们才需要更严肃地对待教育规划。

教育规划指为了达成个人的成长目标，父母根据孩子特点、家庭特点、结合学校教育和社会教育的发展状态所制订的教育规划，其中包含对学校和社会教育机构的选择。父母在制订教育规划时需要明确孩子的多元目标，并且承担家庭可以完成的部分，并选择能够帮助孩子和符合家庭特质的学校以及社会教育机构。家庭教育是个人成长核心，父母在孩子成年之前，特别是年幼的时候，围绕多元化的成长目标，决定哪些目标是由家庭教育完成，哪些是需要系统化的学校教育完成，哪些需要由社会教育来完成。

教育规划系统(Education Plan System, EPS)阐述了三者之间的关系。

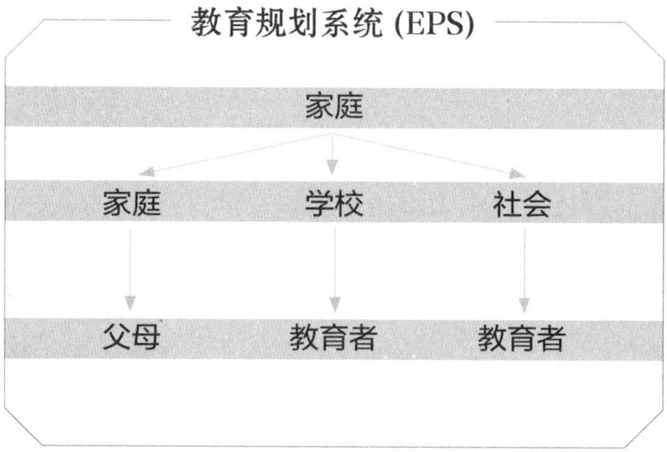

个人成长的整体目标由家庭成员制定并选择家庭、学校和社会教育的三者合作和任务分配。随着孩子年龄的增长，这样的目标和选择从

由家庭成员中的父母决定，到由父母和孩子讨论决定，最后由孩子自己做决定。

这个过程是从婴儿到成年的过程，是由儿子、女儿成为新家庭父母的过程，也是成长教育的全过程。

基于科学规律的多元成长目标不会变，家庭教育需要提升父母的认知水平和能力帮助孩子，也需要了解当下学校教育和社会教育的发展来制订符合孩子和家庭的教育规划。

我们需要有一个明确的意识，学校教育和社会教育在变化和发展中，不同国家的学校教育和社会教育处于不同的状态。亚洲国家有大量的英语培训机构和项目，同样的教学内容在欧美国家就少了很多。珠心算的数学项目在国内有一些发展，但是在欧美国家就看不到。非洲国家的社会教育呈现出更多关于生存和医疗培训内容，同样的内容在中国就看不到。

社会教育的种类与国家文化和经济状态有直接的关系。2017 年由于人工智能的发展，在中国突然出现了大量的计算机编程类项目，而英语培训也开始从线下转为线上。所以，教育规划需要我们教育信息的更新速度要快。

相比社会教育的快速变化，学校教育会慢一些。孩子在学校学习的内容会发生变化，比如课外内容更丰富，在北京地区的部分学校让孩子拥有选课的权利，体育课程也开始丰富起来。但是学校在全国的改变需要从点到面，慢慢进行。

由于学校教育和社会教育有地区性特征，所以更需要我们掌握教育规划的方式，而不能用一个方案解决所有的问题，教育规划应该是个性化和人性化的，既满足个体发展的需求，也需要考虑整个家庭资源的配给。结合学校和社会教育进行个人的教育规划，我们需要了解学校教育和社会教育的发展与特点。

第 3 节　学校教育

学校教育目前在国内分成3种类型，公立学校、私立学校、国际学校。其中，公立学校占更多部分，但是近几年国际学校和私立学校比例在逐渐增多，能看到更多的教育体系在国内扩展，同时也能反映家庭选择学校教育的机会开始增多。

~ 3 种学校的基本区别 ~

那么3 种学校有什么区别呢？我们还是按照教学内容、教学方式、语言能力、升学标准来进行分析。

第一，教学内容的差异。

公立学校教育会把重点放在语文、数学、英语三门主课上，近年来也加强了关于科技、体育和综合实践的内容。

私立学校在教学内容上会和公立学校基本相同，但是会更有自由度来增加特色内容，比如强调中国传统文化的学校，会加入中国传统文化的内容，如书法、诗词等。

国际学校的教学体系上会有很大的不同，有些是 IB 课程（国际文凭组织为全球学生开设的一种课程）的体系，有些是 A-Level 的体系。从学习科目上，我们会发现增加了大量的人文学科和研究性内容。除此之外，中文课程减少，对于数学、物理、化学等理科的学习内容的难度降低。

第二，教学方式的不同。

实际上，公立学校和国际学校最大的区别不是在教学内容，而是在教学方式上。国际学校的教学方式更强调学习者主动获取知识的能力、独立思考的能力和时间管理的能力。于是在教学方式上会更多样化，要求其实更高。看上去孩子们都是在玩，但是在玩的过程中的要求更高。写到这里就不得不提及一个大家回避不了的事实，那就是系统之间的互相交融是否可以。

第三，语言能力上的差别。

3 种类型的学校除了在教学内容和教学方式的不同之外，还有一个重要的就是语言。公立学校和私立学校的中文课程有保证，而在国际学校，中文课程占比就比较少，而其他课程都是用英文授课。所以 6 年下来，孩子在语言能力上的差别很大。

第四， 升学标准的不同。

升学也是必须要思考的问题，虽然大家认为公立学校转国际学校是通畅的，但是也要看是几年级，因为知识型的内容好补充，但是能力上的提升就难了，因为重视的能力发展有差别。而国际学校就读转到公立学校对孩子来说就很难了。

~ 3种学校的不同需求 ~

第一，3种学校对父母的要求不同。

公立学校要求父母配合的内容比较多，包括一些作业检查，学校活动，等等；而且老师对父母的要求也很多很杂，需要父母跟随学校的节奏走。选择私立学校父母的话语权会多一些。国际学校体系对中国父母挑战就比较大，首先，会遇到语言交流问题，老师和父母日常沟通以邮件为主，学校定期会发布孩子的情况，单独见面约谈，这些都是英文的。对于父母来说，确实是一个从能力到心理的挑战。

第二，体系认知的问题。

国际学校的学习任务考核标准通常在一开学就通知，有平均分要求，有最低分要求，有出勤率要求，有作业要求。这些都将构成是否能够顺利进入下个阶段学习的要求。包括作业也可能是今天布置，下个月才交。这种新的学习体系是父母没有接触过的，难免不适应，加上语言问题，就会造成父母对要求也不清楚，和老师沟通也少，直接的影响是在孩子英文比较弱的时候无法提供直接的帮助。这种现象在从公立学校转到国际学校的孩子身上更为明显，孩子转换体系需要适应，父母自身也需要适应。

第三，文化差异问题。

国际学校的老师一般来说不会什么事都找父母，他们会清晰明确父母的责任和老师的责任。所以更加不会出现每天作业通知，凡事要父母配合的事。但是如果父母需要老师帮助的时候，能够直接表达，老师会提供帮助，沟通比较简单直接。

我们还需要了解学校的班级人数，提供哪些课外活动，老师的稳定性及是否有稳定的培训体系。并且，学校校长的教育理念也非常重要，他的态度会影响整个教师团队的教育主张。通过以上的分析，显然，幼儿园的选择可能是最轻松的。但是，如果不了解清楚各个体系的差别，我们又怎么能做出和我们的家最匹配的组合呢？了解3种学校体系之后，我想父母对于进入哪一种体系应该有了一个基础的判断。

~ 选学校的焦虑 ~

有很多父母纠结于小学阶段上名校的问题，为了上一个知名的学校费尽心思。找学区房，找关系、托人情，最后还要去参加各种学校面试。其实，上了一个好学校就能保证孩子在这6年一定会得到很好的成长吗？或者我反过来问：不上这样的学校孩子的成长就一定会有问题吗？

如果我们没有把孩子成长的所有都寄托在学校教育上，也许我们就能放下沉重的包袱，能往前走走。

第4节　社会教育

社会教育的内容主要由两个方面构成，学科类教育与非学科类教育。我们先有这样的概念分类，然后了解自己所在地区社会教育资源的发展状况。

~ 学科类教育 ~

补习班的形式现在也有了很多变化，大班教学、小班教学、一对一，还有通过线上教学的方式进行。最近几年，学科类别的社会培训在方式上也在改变传统方式，也受到孩子们的欢迎。大班教学价格便宜，学生越少就越贵。线上教学大大地降低了补习价格，并且还能减少上课的时间成本，老师也可能来自于全国甚至世界各地。这样的方式也更多地带来了教育的公平性。线上教学也让更多好的老师能够帮助不同地区的孩子，线上教学的优势是价格和时间成本低，但是老师和学习者之间没有进行面对面的交流，在情感渗透上遇到的挑战就会很大。

~ 非学科类教育 ~

非学科补习的资源随着社会的发展，父母认知水平的提高，也让我们看到更多的学习类型在我们身边出现。我们可以将它分为：创造力类、艺术类、运动类、科技类、阅读类、营地类。

社会教育中涵盖的课外活动对于孩子们也有很大的影响。课外活动在美国校园中的历史并不久远，大约一个世纪前，进步主义的一波教育改革浪潮席卷了全美，不仅催生了公立高中，课外活动也应运而生。改革者的观念要用课外活动在全体同学中间培养我们现在所说的软实力：坚韧不拔的习性、自律精神、团队合作、领导力以及公民参与的意识。现有的研究早已经给出了众口一词的判断，参与课外活动会给孩子成长带来看得见的好处。而父母的文化水平越高，越能理解到这一点，自觉地，或是不自觉地，投入更多的时间和金钱让孩子参与到课外活动中。长期参与课外活动的孩子，不但读书期间往往有上佳的表现，在踏入社会后也能走得更远。研究表明，课外活动的积极作用有以下表现：更高的平均分成绩，更低的辍学和旷课率，更好的学习习惯、工作习惯，更远大的求学目标。比如，有一项研究发现，孩子如果坚持不懈地参与课外活动，那么比起那些只是偶尔参与的同龄人，其高中毕业后读大学的可能性要高出 70%，比起那些从未涉足课外活动的孩子更是高出了 400%。

还有一些泛教育的资源也是可以使用的，比如，博物馆、图书馆和一些向公众开放的资源。父母在考察社会教育机构时也同样需要从目标、教学内容和教学方式三个方面观察。最重要的是这三者之间是否能够形成一致的逻辑关系。比如目标是培养孩子的创造力，教学内容是阅读英文原版作品，而教学方式却是背诵或者回答有标准答案的问题。这样的一个教学方式很难达成创造力培养的目标。

另外，社会教育机构的教育者能力和稳定性也是需要和项目形成匹配的。

社会教育的创新要比学校教育快得多，往往由市场发起，或者是父母的需求导致了社会教育的市场化发展。同时，社会教育的形式也受科技发展的影响，线上教学的形式也让不同地区的人能够享受到同等质量的教育资源。科技的发展也许能解决知识信息的搭建，但是对于教学过程中教育者和学习者的情感活动，教育者对学习者学习过程的观察是不够的，对于成长期的儿童来说，情感上的互动，教育者对学习者的观察又非常重要，这是儿童学习与成年人学习上的差别。

第 5 节　各年龄阶段教育规划的特点

我们来看看在人生的不同阶段，家庭教育、学校教育和社会教育都有哪些特点。

~ 0~6 岁：手把手 ~

“是什么？”是这个年龄段孩子标志性的提问方式。面对这样的提问，我们能做的是耐心地解释回答，手把手地做示范。

人生处于早期发展阶段，这个阶段孩子们发展最快变化最大，这个阶段是父母陪伴孩子时间最多的阶段。在最早的几年，家庭是孩子唯一的环境，父母对孩子的影响从具体的生活中开始渗透。这个阶段的孩子需要父母和教育者手把手地不厌其烦地做示范。

处于早期发展阶段的孩子最初的需求是活下来、充足的饮食和睡眠，在生活中处处需要成年人的照料。虽然幼儿园接收孩子的年龄段有向前的趋势，通常孩子还是在3岁进入幼儿园，其他的社会教育机构也并不太多，也不专注在孩子的生活上。

所以，幼儿更多地需要家庭教育，特别是通过生活的方式帮助孩子达到0~6岁个体的多元化发展目标，学校教育和社会教育只是辅助。

如果父母由于工作原因陪伴孩子的时间少，就需要更多的学校教育和社会教育的帮助。但对于6岁之前的孩子来说，没有什么是比生活中父母的示范更重要，生活习惯的培养和家庭息息相关，而多元目标中的十大要素也可以在生活中获得。

6岁的孩子虽然看上去需要陪伴更多，吵闹更多，有更多显性外在的特质需要父母操心。比如，睡觉要陪，吃饭不能独立，平时要花费更多的时间去理解他们，但确实是在人生道路上打下最重要基础的6年，也是对于父母来说，“问题”最容易解决的6年。

父母在家庭中的言行几乎成为孩子唯一的模仿对象，有很多帮助孩子具体能力的提升也可以通过在家庭中的练习完成。这就是在“兰海说成长”的App中加入了很多家庭游戏的原因，可以通过游戏的方式帮助孩子全方位提高。

家庭需要承担0~3岁孩子成长中90%的教育，当孩子进入幼儿园和参与一些其他活动，3~6岁家庭承担的部分大致在70%左右。

孩子0~6岁受家庭教育的影响最深远，也是父母陪伴孩子时间最充分的6年。

~ 6~12 岁：一起走 ~

“为什么？”是这个年龄段孩子们标准的提问方式，他们凡事都想找到原因，也喜欢提问。这个阶段孩子的提问经常让我们心里发慌，因为很多问题，我们已经不能立刻回答。

孩子进入到小学，也就是人生第一个社会化群体，这个阶段孩子开始从家庭走向外部环境，因为小学的学时更长，系统更稳定，孩子请假离开学校的比例降低。孩子的时间已经大部分在学校，此时的孩子开始逐渐把对家庭的群体需求转向外部，学校或者其他群体。

6~12 岁是孩子们在社会能力、学习能力和知识领域的成长期，此时的他们融入到了一个长达 6 年的集体中，每天和老师同学相处至少 8 小时，毫不夸张地说，学校里老师与同学和孩子们相处的时间比父母多。所以，我们需要重视学校环境对孩子的影响，并且让家庭教育和社会教育与其形成补充。

学校教育和社会教育开始占用了孩子大量的时间，父母和孩子一起走的这 6 年，更多地获取来自父母的精神力量，学习和社交上的很多问题已经要依靠自己或者同伴来帮助解决。因为这个阶段孩子们在能力上的提升需要通过系统的学习和专业方式进行。

这个阶段家庭给到孩子更重要的是精神的引领和温暖的怀抱，并且选择教育教学上的专业机构，促进孩子在多元目标上的成长。

~ 青春期：放开手 ~

“凭什么？” 这三个字绝对是父母们头疼的问题，也显示了孩子想要挣脱权威并有自己的决定权。

可想而知，此时的父母已经很难再把孩子留在家里，因为孩子们需要更多的社交和朋友，学业上渴望的突破和对世界的好奇也让他们需要更多的学校和社会教育机构来帮助。

这个阶段，家庭最重要的是桥梁作用。搭建孩子通向社会的桥梁，帮助孩子从学校的空间中走向社会。这个桥梁不仅仅是认知上的，还有能力和心理状态上的过渡。

职业是一个很好的途径，和孩子们一起探讨人生的方向，渴望从事什么职业，就算孩子还是对自己的职业方向一无所知，但青春期确实是关于职业启蒙的最佳时期。通过职业的探讨，还可以看到自己能力上的发展，以及面对不同环境的心理状态。

桥梁作用也可以通过学校或社会教育机构去完成，但最重要的还是父母的意识，要有这个想法，才会去寻找更好的社会资源来完成搭桥的工作。

~ 成年期：看他走 ~

进入成年期的孩子，开始接过家庭的责任，他们立足于社会，开始拥有了真正的独立和自由，社会角色和家庭角色都处于一个非常重要的位置。

父母与孩子的关系发生了变化，父母成为家庭中需要被照顾、被关心的成员，而孩子独当一面，开始承担最主要的家庭责任。

当年的“孩子们”开始组织自己的家庭，在新的家庭中，他们的角色成为了“别人的父母”。于是，他们也开始需要通过社会教育来学习如何做父母。

教育就这样开始传承延续了。

第6节　教育规划系统（EPS）的方法

养育过程中很多父母遇到的第一个选择就是幼儿园。怎么选呢？

在你面前有以下4个不同的幼儿园。

A是就在家门口很小的家庭园，新开不久，孩子也不多，但老师的关注度高。

B是离家开车20分钟路程的一个刚开不久的私立园，价格贵，强调中国传统文化，网络上评价不错。

C是离家开车40分钟路程的一个比较著名的公立幼儿园，伙食特别好，价格便宜，但是非常难进。

D是离家开车30分钟路程的连锁的私立园，价格贵，主推蒙台梭利的教育系统，评价好坏皆有。

这是我的一个好朋友面临的选择。每天告诉我不同幼儿园的信息，就是做不了决定，我在他的态度上感受到强烈的患得患失的情绪，特别害怕自己选择错误。

选择A离家近，时间成本低，但又担心教学质量不够高，老师没经验。选择B价格高，虽然能够承受，但又担心强调传统文化是否会限制孩子的天性。好像C是比较安全的选择，吃得又好，但是太难进，需要找关系帮忙，还不一定进得去。选择D呢，由于是连锁园，不知道这个分园好不好，而且网络上有好的评论，也有不好的评论。

如果我也是这样的思考角度，估计也很难进行选择了。每天睁开眼睛就是这些选择题，比读书时的选择题难度大很多。

我们先来看看在成长的不同阶段，家庭教育、学校教育、社会教育能够提供给个人成长的时间和价值各有不同。我们需要从两方面考虑，一是不同年龄段孩子的成长需求及要达到的目标，二是在不同的年龄阶段，家庭、学校和社会教育机构所能提供给孩子的时间不同。

对于0~6岁的孩子来说，家庭是最重要的，是父母能够陪伴孩子时间最多的阶段。教育能从家庭中实现最大价值帮助孩子成长。所以，幼儿园教育很重要，但是如果不够理想，同样可以通过家庭教育的方式去弥补幼儿园教育的不足。

~ 成长教育会怎么看待这样的选择 ~

第一，了解0~6岁对于孩子来说最重要的成长内容是什么。

科学规律是道，也是方向。0~6 岁是人一生中成长最迅速，变化最快的一个时期。这个时期孩子和父母的沟通是最需要耐心和时间的。因为婴儿只能通过表情、动作、声音来表达自己的需求和情感，随着语言能力的提高，能够用简单的语言表达想法。所以这个阶段父母与孩子进行的沟通需要慢慢猜测，慢慢理解，不能着急。

这 6 年的成长是关键的，很多机会错过了就很难弥补，因为大脑联结、内心的变化、能力的发展错过了关键期实在无法追回。

根据成长教育的“道”，也就是依据科学规律呈现的多元化目标，我们知道 0~6 的岁孩子需要在 10 个方面得到发展。有了这样的方向，我们就需要知道无论是家庭、幼儿园还是社会环境，我们都要满足这 10 个方面的需求。

第二，收集这些幼儿园的信息。

信息收集一定要把事实和感受分开。事实指幼儿园的客观实际情况，比如，教学目标、教育者情况、班级情况、距离和价格。而感受则是主观评价，可能是幼儿园孩子父母的感受、孩子的感受，等等。

为什么需要把这两种信息分开呢？

比如，你问一位妈妈觉得幼儿园好不好，如果这位妈妈就只看重幼儿园的伙食，而不在意其他，那么她对你说很好，但只能是评价食物，而不代表其他。

你询问其他妈妈的意见：你觉得这个幼儿园好吗？跟你说这个幼

儿园好的人，她遇到一位很好的老师，她告诉你说这个幼儿园很好。而另外一位妈妈可能却因为自己的孩子在幼儿园过得不太愉快，她会告诉你说这个幼儿园不好。其实，并不是幼儿园的问题，实际上是因为每位妈妈和孩子在这个幼儿园的经历不一样。

因为主观感受是根据个人的评价标准和喜好来决定的，这样的感受我们需要获得，但是也要知道为什么会有这样的感受。所以客观事实的信息是非常重要的，然后才是个人感受，并且我们需要知道原因。

我们需要了解幼儿园有什么课程设计，用什么方法来进行这些课程。在我的调查中发现，几乎所有的父母都会关心上什么课，但只有极少的父母会关心怎么上课。

上什么课，指的是教育内容。比如，幼儿园会开设手工课，我们大概能知道孩子们会有做手工的活动，这个课程内容能帮助孩子提高手眼协调，如果做手工的材料是有创造性的，能够发挥孩子想象的，就能达到激发孩子好奇心的效果了。如果能了解老师授课的方式，就更有价值了。比如，老师授课的时候在意孩子做得对不对，还是有创造力？当孩子做不出来的时候，老师会提供帮助，还是只提要求？

教学方式能让我们了解幼儿园更看重的是什么。幼儿园是否有足够的户外活动的时间，是否能在幼儿园帮助孩子的肌肉发展和协调性的训练。另外，每次课的时间也能让我看出课程设计是否专业。对于3~6岁的孩子来说每次课时可能不能超过40分钟，如果是小班，最好的时间是30分钟，大班可以在40分钟。因为时间的长短对于孩子的注意力就是挑战，有时候不是孩子不想好好听课，而是他们身体的需要，让他们无法做到注意力集中。

我还建议父母要关注大班课程的开设，因为幼小衔接是优质的幼儿园会考虑的问题，也是对孩子进入下一个阶段的重要准备。除此之外，我们一定要看班级人数。对于幼儿园的孩子来说，师生比1:5是比较合适的。我们还需要了解老师教学情况是否稳定，幼儿园是否有为老师提供专业培训。我还会在意老师的工资，在可能的情况下，老师获得报酬越高就代表幼儿园会更看重老师的收入，认可他们的能力。

我认为老师是学校环境当中最重要的因素。经济得到保障，老师会更安心工作，会投入更多的时间，会花更多精力研究孩子的教养。如果一个教育机构把太多的资金投入到硬件提升上而忽略了老师的培训需求和回报，那至少能反映两个问题：在管理者眼中，硬件比老师重要；忽略了老师的关键作用。后者是目前中国教育普遍存在的问题——教育审美。

一个教育者如果没有充分的时间休息，如果没有足够多的时间提升自己，又怎么能够把好的状态带回到教室，带回到和孩子们相处的时光呢？

第三，需要收集孩子的信息和自己的情况。

父母需要了解孩子的性格和喜好，在多元化目标方面发展的具体情况。孩子的相关分析结束后，父母还需要分析自己的情况：上下班情况，平时能陪伴孩子的时间。同样，针对孩子在6岁之前的10个目标，做得比较好的是什么，做得不好的是什么，在日常孩子和父母的相处中，父母最能帮助到孩子的是什么。

除此之外，还需要做一个关于社会教育信息的搜索工作。搜索我们生活的城市有哪些亲子活动我们可以参与，有哪些博物馆可以让孩子参观，有哪些公园可以帮助孩子完成探索。把这些信息都整理出来，我们才能进行到下一步。

第四，选择组合。

教育规划是多种教育的组合，不是单打独斗。

明确了孩子在0~6岁的成长目标，然后列出孩子的状态，家庭教育的情况，能够被使用的社会资源之后，我们就可以看哪个幼儿园能把空缺补上，最趋近于补充完整的，就是最适合我们的。

如果有两所差不多，就一定选离家近的。这样能够减少路途上的消耗，保证孩子的睡眠。当然也会出现一种情况，那就是没有一所能够把空缺补上，这种情况实际很常见。那怎么办呢？父母就需要看自己在家庭教育中能做多少，能提升多少，能利用社会资源做哪些辅助。

通过上面这个分析可以看到，教育规划是一套组合拳，没有固定的分配，只有根据具体的情况完成有效的组合。

家庭教育的核心价值之一就是我们需要制订出孩子的教育规划，因为这个规划不仅和孩子有关，还和家庭开销选择，包括父母的职业发展规划有关。

~ 教育规划系统（EPS）的 4 个步骤 ~

这 4 步是当我们在进行教育选择时非常重要的思考逻辑。

第一步：明确目标。

第二步：分析资源。

第三步：个体分析。

第四步：规划制订。

教育规划系统（EPS）

明确目标 → **分析资源** → **个体分析** → **规划制订**

成长教育的价值在于会根据孩子的成长目标来进行选择，而不是因为别人说好、别人的观点和评价。在成长教育的体系中，我们的选择会变得理智，当然这也是对我们过往思维惯性的巨大挑战。

成长教育的体系要求我们，作为父母，首先，要承担教育的责任，而不能把所有的教育责任推到学校，任何一个学校都无法满足孩子成长的所有需求。

当我们的大脑中能把教育分成家庭、学校和社会，我们由于担心学校不好就会耽误孩子的消极判断就减少了。成长教育的体系永远认为父母是孩子最重要的责任人，因为学校可以选择，而家庭是无法挑选的。成长教育体系不仅能帮助我们做好学校的选择，也可以帮助我们完成社会教育的选择。

依然用上面提到的选择幼儿园的故事，如果幼儿园能够满足所有的需求，父母对于社会教育的需求就会减少。所以，这里面还有一个平衡的问题。我们一定要注意，教育规划是组合，需要调动我们的资源形成最佳方案，找到最适合孩子，最适合家庭的学校。因为你会发现，别人眼中的好学校也许并不适合你的家庭。

这样理性的思维在小学阶段就更重要了。不管是社会评论还是媒体报道，我们能看到众多对于公立体制教育的不满，似乎孩子成长的好坏完全由学校决定了。我非常担心有这样意识的父母，因为学校真的承担不了所有的责任。

按照之前的方式，我们来分析一下父母的选择应该如何进行，但是对于现在五花八门的社会教育，在分析这个阶段孩子成长需求时，父母对于社会教育的选择至关重要。下面我们按照 EPS 的方法，一步步地分析。

第一步：明确目标。

目标是根据科学的成长规律在每个年龄段孩子需要达到的状态，这个状态不是单一的指标，而是多元化的目标。在之前的成长教育的“道”中所提到的各个年龄阶段的多元化评价标准，也就是这个成长目标。

1. 0~6 岁的孩子在 10 个方面的发展任务。

2. 6 岁以后的孩子在心理、学习力、知识领域、社会能力和创造力方面的发展任务。

我们选择幼儿园、小学、中学的标准都应该围绕孩子的成长目标进行。我们要把这些内容都清晰地记录下来，在没有其他干扰的情况下写出这些目标。

如果目标不清晰或者不记录下来提醒自己，我们就很有可能在各种信息中沦陷，没有主心骨。

我曾经给一个朋友讲过多元目标作为评价标准的重要性，由于她当时只是随便听听，并没有认识到目标的价值，所以，在接下来的几个月选择小学的过程中，非常煎熬。网络上的信息铺天盖地，身边的朋友们各抒己见，周围的亲戚们也有各种意见。一段时间下来，朋友完全没了主意。再次找到我的时候，一脸迷茫。

朋友最大的问题在于她只是在听各种关于学校的信息，但是却没有把这些信息和孩子的成长目标联系在一起。所以，我们在做教育规划的时候，一定要明确孩子的成长目标，而且是贯串规划的始终。

有目标地对信息进行收集、调查和评价是非常重要的。因为选择是一个很长的过程，目标如同大海的灯塔一样，指引着前行的方向，保证我们不要偏离航线。

第二步：分析资源。

资源指的是学校教育和社会教育能够提供的选择，我们需要通过信息收集了解情况，并且通过一致的评价标准对这些资源进行分析。我们需要明确教育目标、教学内容、教学方式和教育者 4 个概念，才能理解和评价教学项目的评价标准。

教学目标是指教育机构或教育项目在一段时间内通过系统的方式要帮助个体达到的目标。我们需要看到教学内容和教学方式对达到所提出的教育目标之间形成有效的逻辑才行。

教学内容指的是教育者传达的信息，也就是通常我们说的知识。比如，语文课上学习的一首李白的唐诗《静夜思》：“床前明月光，疑是地上霜。举头望明月，低头思故乡。”

教学方式指的是老师用什么方式教这首古诗。教学方式非常重要，它决定了孩子在学习过程中的愉悦感和能力上的收获。比如 A 老师用死记硬背的方式让学生记住这首诗，B 老师通过画画的方式让学生先认识这首诗，然后去理解李白当时的心境。C 老师先让学生查找关于李白的人生经历，然后出一道题目，让学生作诗，最后拿出李白的诗，继续分析。

这三种授课方式带给孩子的收获是完全不同的。A 老师的教学方式让学生的记忆能力得到锻炼，也能提高对内容的理解。B 老师的教学方式让学生从另外一种表达方式——画作去理解诗歌，通过诗歌去理解人物当时的内心，对学生的理解能力和表达方式都有提高。C 老师的方式提供了学生自主学习的机会，通过搜索信息来提高学生对信息的处理能力，然后让学生体会李白当时的心态并完成一个作品，对于独立思考和沟通表达都有很大的提高。并且最后通过用李白的诗，让学生完成对比。这样的教学方式其实对老师的要求非常高，但是学生的收获最大。当然，这些不同的教学方式对一个班级的人数也是有要求的。如果一个班级的人数过多，C 老师的教学方式就很难达到真正的效果。

教育者是一个重要的内容，我遇到过很多父母，他们会遇到很多选择的问题。他们会问我：到底哪个英语班好？光听品牌的名字还真不能判断，而是要真的去了解老师的教育内容和方法。对教育者的了解同样重要，但是最重要的是教育者的能力是否与教育内容和方法匹配，也就是说是否能够驾驭。举一个极端的例子，一个英语水平很差的老师是不可能使用英语作为授课语言教授通识课程的。教育者的能力特征和水平是我们无法忽略的重要内容。

一个好的教育项目的标准是怎样的呢？

我们通常会痴迷国外的、专家的、有名人推荐的教育项目。确实，这些旁证确实能增加这些教育项目的可信度，但是在复杂的商业环境中，在信息爆炸的时代，面对这么多的选择，那么多漂亮包装的项目介绍，一个好的教育项目都有哪些标准？

第一，教育目标与科学的成长规律是一致的吗？评价标准是单一的还是多元的？

正确的教育目标一定不是拔苗助长，也不是压抑天赋，而是因材施教。这样的个性化并不是指“一对一”教学，而是课程是否能在目标上符合这个阶段孩子的发展能力空间。比如，教学目标是让一个3岁的孩子认1000个字，显然就是不合理的。

这样的不合理往往会凸显“快”“超前”“强化”“时间短”，这样的教育目标往往符合大众内心渴望的需求，大家会选择这样的“快”。但是没有考虑慢慢地成长，也能稳扎稳打，就是要“快”，也需要考虑是否在合理的范围之内。

第二，在教学设计上，教学内容和教学方式是否能够达到教育目标。

教育内容和教学方式的组合能达到教育目标。我认为，好的教学设计有如下3个层次。

第一个层次，需要内容和方式都是正确的。在内容和方式上正确，保证了教育项目的合理性和科学性。

第二个层次，需要在正确的基础上是有效的。这个有效指的是对教学时间的充分利用，是能在有限的教育教学资源中，更有效地提升学习者的能力。

第三个层次，在正确和有效的基础上，才是“有趣”。

很多人喜欢“热闹”的课程，比如说老师讲得有趣，环境漂亮，中间的环节丰富，转换快。如果没有正确和有效作为基础，这样的“有趣”没有根，很多情况就是热闹一场，却没有达到真正的效果。

第三，教育者的能力。

教育者的能力也是一个好的教育项目的关键环节，有 6 个字是我经常给老师们说的，“想得到，做得到”，这就是教育执行的能力。好的教育者都不是简单的执行者，而是具有研究能力的执行者。虽然有教案，有统一的要求，但是面对每个不同的孩子，教育者需要根据孩子的情况做到随时的调整。一个孩子的课程，10 个孩子的课程，30 个孩子的课程，对于教育者能力的要求各有不同。再好的教育内容，如果没有教育者的执行，也是无效的。

第四，对教育者的支持。

好的教学项目肯定需要对教育者支持。这个支持有 3 个维度：精神、物质、成长。

教育者和父母、孩子之间是一个合作关系，这是我们为之努力的目标，一旦这样的合作达成，教育效果明显，并且会朝着好的方向发展。这个时候，教育者的努力创新都需要得到支持，这也是对教育机构衡量的原则之一。物质上的支持，我一直认为好的东西都是有成本的，一个优秀的教育者的成长之路也是投入了非常多的成本，老师们需要有足够的时间休息，有足够的物质回报让他们能够提升自己，真正享受生活的意义，这样才可以真正引领孩子面向未来。精神和物质之外，教育机构还需要有对老师的教育培训体系，如果教育者只有输出，没有吸收，那么是日渐枯萎的。有系统的教育培训能够帮助老师提高教育水平，这才是保证教育质量的根本。

第五，信息收集的方式。

了解一个机构和项目的方式大概分成以下3种，但是我们要了解的仍然是教学目标、教学内容、教学方式和教育者。

校方宣传资料：这是最直接的宣传方式，网站、论坛、微信群、宣传单页里都会有呈现。但是这些都是官方宣传，我们需要看到教学目标、教学内容、教学方式和教育者之间是否有合理的逻辑关系，这就需要我们敏锐的洞察力。

学员反馈：找到正在就读的学员、已经毕业的学员以及他们父母的反馈，是最有价值的佐证。我还是强调，父母收集信息的时候不要去询问感受，也许你的朋友会给你介绍这个学校很好。那么请追问一句：“你认为学校好在哪里呢？”

以下的问题给大家一些参考。

孩子喜欢吗？——教育者是否能够满足孩子们的心理需求，创造一个有安全感、有归属感和激发孩子自我价值的环境。

孩子和父母觉得有哪些收获？——通过回答衡量宣传的教学目标是否实现。

授课方式都有什么？——通过回答衡量老师的授课方式是否能保证目标的达成。

教育者与父母沟通多吗？——通过回答衡量孩子、父母、教育者之间是否能形成合作关系。

我们需要分析在3~6岁这个阶段孩子能够接触的学校教育和社

会教育的情况。有哪些幼儿园，有哪些适合 3~6 岁孩子的社会教育项目。

通过列表的方式让我们能够把这些资源完整地呈现，能让我们的思路更加清晰。

第三步：个体分析

个体分析指的是对孩子情况的分析，对家庭情况的分析。

第一，客观分析孩子。

面对孩子，父母需要提高水平才能真正帮助和支持孩子。分析孩子的情况，就是用成长模型里的内容来评价孩子在每个方面的发展情况。

6 岁以后的孩子，我们用成长模型来进行这样的分析。

记录孩子的现状，分析他们需要提高的地方。

思考在接下来的时间节点中，孩子需要在哪些地方得到成长的机会。

第二，家庭资源的分析。

父母也需要分析家庭的资源和自身的情况。父母工作忙碌情况，时间分配，经济情况，以及拿出成长模型，看看哪些是自己在家里能够为孩子提供帮助的内容，哪些是需要外部环境提供帮助的内容。父母在思考这部分的时候，一定要坦诚，这些自我评价的结果并不是要批评我们做得是否好，而是希望看到我们需要提高哪些地方，哪些是我们做不到的，需要找外部的助手，就是社会教育的机构。

第四步：规划制订

前面的三步都是在做基础工作，有分析，有信息收集。最后，我们需要根据这些信息做出选择判断，形成教育组合。这一步的组合有一个目标，两种思路。

目标是这个阶段孩子多元化的成长目标，然后我们考虑家庭、学校和社会怎么结合。

在这三种教育类型中，父母能够完全决定掌控的是家庭教育；父母拥有更多选择权的是社会教育，选择权最小也最不可变的是学校。

所以，首先，父母可以评估在家庭中可以做什么；其次，评估能选择的学校教育能提供什么；最后，用社会教育来补充前两者无法提供的部分。

请大家记住这个公式：成长教育 = 家庭教育 + 学校教育 + 社会教育。

父母作为家庭教育最重要的部分，是完全能够掌握这一部分的占比，也就是家庭教育能做更多的百分比，那我们给学校教育和社会教育的压力就会小。

在这个部分，家庭能发挥最大作用的就是在孩子 0~6 岁这个阶段，所以父母需要提前做好学习的准备并且努力提升自己才可以更好地帮助孩子。EPS 教育规划的方法不仅帮助我们做阶段性的选择规划，还能在日常兴趣班的选择上有很大的帮助。

来看看以下3个案例。

案例一：小雅4岁，只能用简单的字词表达自己，父母希望提高孩子的语言表达能力。

第一步：目标是4岁的孩子。

语言能力：能理解周围用简单语言表达的内容、能说完整的简单句子、能用语言简单表达自己的情绪。

安全感：感受到自己被尊重、有权利实现自己的想法、在群体中被接纳被认可、认识到自己的优点。

自我意识：有“我”的概念、意识到自己的权利、对自己有评价。

第二步：资源分析。

学校教育：幼儿园有专门的阅读课和表达课 ，一个班级30人，孩子的机会不多。

社会教育：主持人培训班，小班教学，通过故事、诗歌的方式提高孩子的语言能力和当众发言的能力。参与学习的同学语言能力都很好，很多都是幼儿园的小主持人。老师活泼、有播音主持的经验，每周1小时，一共12次课，老师会和父母交流孩子的情况和进展。老师稳定。

第三步：孩子个体情况与家庭资源分析。

小雅有以下特点。

语言表达：表达的意愿比较低，在幼儿园里也不主动说话。

安全感：在团队中不主动发表自己的意见，会躲在别人的身后。

自我意识：容易附和别人的想法，用“我”开头表达时会脸红、害羞。

时间安排：业余时间多，目前没有任何社会教育内容要参与。

家庭情况：父母都有工作，爸爸送孩子去幼儿园、妈妈接孩子回家。周末爸爸妈妈有充分的陪伴时间，但是父母与孩子互动比较少。

第四步：规划制订。

幼儿园虽然提供相应的内容，但实践不够充分。小主持人培训班的孩子水平较高，不适合小雅的状态。

业余时间比较充分，父母在时间上的陪伴充分，但是没有针对语言能力的互动和锻炼。

决定一：需要父母承担更重要的作用。

0~6 岁的孩子最需要父母在生活中的引导和陪伴，语言表达能力的学习最重要的是家庭语言环境的丰富，小雅语言能力的提高需要从家庭环境的改变和父母有意识的示范和培养开始。小雅在幼儿园环境中表现出来的胆小和不敢表达自己，更需要父母给孩子足够的支持和陪伴，让她看到自己的优势，才能形成良性循环。

父母在家里的说话需要更多，用简单清晰节奏慢的语速让自己的语言能够成为小雅的示范。

每天进行 15 分钟的绘本阅读，最开始父母讲，在讲述的过程中形成互动，帮助孩子自主表达。

周末进行语言类的游戏，帮助孩子在游戏中表达自己的想法。

生活中更多地询问孩子的想法，给孩子充分的时间来表达自己的想法，不要催促，学会等待。

决定二：建立适合小雅的社交圈。

因为小雅在团队中不愿意主动表达，在安全感的建立上也需要不断的实践来证明“我足够好”。而小主持人培训班的孩子们都是语言能力比较强的，小雅在这个班级里学习会让她对自己的负面评价更多，这个培训班不适合她。

小雅需要一个非幼儿园的社交环境帮助她在与小朋友的玩耍中能够有勇气表达，并且在不断的尝试中锻炼自己的语言能力。

从这个案例中我们可以看到，很多问题的解决方案在家庭中，在平日父母有意识的行为改变和家庭环境的塑造上。教育规划能够让我们更清晰地看到，哪些问题可以通过学校教育或社会教育解决，而哪些问题必须是从家庭教育的角度入手才能更好地解决。而对于0~6岁的孩子来说，父母的影响力是最大的。

案例二：小明8岁，家人想要帮助孩子提高英语水平，在考虑是否要报英语班，报哪个。

第一步：目标是8岁的孩子。

心理：需要安全感和归属感，开始对自我价值的期待提高。

学习力：专注力在25分钟，在外界要求下专注度保持1小时，开始探索自己的方法。对学习任务有管理意识。

社会能力：需要有探索自我、独立思考、沟通表达和团队合作的意识，在这4个方面有主动意愿，并能够得到回应。

知识领域：人文、社会、自然科学3个领域都有所涉及，不片面，多种类型的信息吸收。

第二步：资源分析。

学校教育：学校有英语课，由于班级人多，孩子没有开口讲话的机会，缺乏认可鼓励。

社会教育有以下资源。

A培训班：小班教学，用的教材内容都是故事，教学方式是互动式，老师和孩子相处融洽。每周2小时，费用1500元/月，老师会和父母交流孩子的情况和进展。老师稳定，流动少。

B培训班：小班教学，用的教材是考试晋级的内容，教学方式是互动式，有考试晋级的要求，平时有作业。每周2小时，2000元/月，老师不稳定，流动多。

C培训班：线上教学，没有统一课程，由线上老师来制订教学方案，授课时间灵活，随时约，大概每小时150元。老师情况稳定，流动少。

第三步：孩子个体情况与家庭资源分析。

小明有如下特点。

心理：安全感和归属感都比较好，期待在群体中有好的表现。

学习力：专注力可以达到30分钟，但是自主学习的能力还没有意识，需要父母的提醒。

社会能力：独立思考的意识一般，团队合作意识强，有想沟通表达的愿望，但总是害怕去说。

知识领域：学校里看得比较多的是自然科学，对于人文和社会方面了解得不多。

时间安排：业余时间多，目前没有任何社会教育内容要参与。

家庭情况：父母的英语水平很一般，经济条件对于上面3个培训班都有支付能力。

第四步：规划制订。

1. 学校提供的英语学习时间不够，对孩子的关注不够，无法满足孩子的需要。

2. 业余时间没有任何学业上的安排。

3. 家庭没有办法提供充分的英语学习环境。

决定一：需要选择社会教育机构来满足孩子对英语提高的需求。

A培训班：教材内容是故事，对孩子的知识领域扩展有帮助，互动式的教学能够让孩子有更多的发言机会。老师和父母的要求能帮助父母了解孩子的情况，对于英语方面一般的父母有所帮助。老师也比较稳定，对于持续发展和孩子对校外班级的安全感和归属感有帮助。

B培训班：教材内容和晋级有关，对孩子的知识领域扩展有局限，互动式教学能让孩子有更多的发言机会。有作业能促进孩子的学习效果。老师情况不稳定，会有后续问题。

C培训班：教材内容不稳定，父母没有办法提前了解内容，线上互动的方式不能满足孩子目前对于团队合作的需求，以及当中沟通表达的需求。

决定二：选择A培训班，因为与父母有沟通，在教学方式一样的情况下，教育内容能满足8岁孩子对于知识领域的缺乏，另外孩子8岁，英语晋级对她来说还不着急。所以B培训班可以不用选择。

决定三：父母也需要开始接触英语，不仅因为要提高自身水平，也不是为了要成为专业老师教孩子，而是我们的生活本来就需要更多的方式了解世界，另外我们学习的状态也随时影响着孩子，父母是一个榜样。

案例三：小兵11岁，父母认为他不太会交朋友，怎么能解决这个问题？

第一步：目标是11岁的孩子。

心理：自我价值的需求增大，特别渴望通过朋友、自己的成就获得自我价值实现。

学习力：专注力在1小时，能坚持2小时学习的能力，有自己的学习方法，在学术方面开始启蒙。

社会能力：在自我认知、独立思考、沟通表达和团队合作4个方面有一定能力，对自己的情况了解，有目标。对待事件有自己的观点并且能够表达，能够在团队中找到自己的价值，发表自己的见解，并且和其他成员一起达成目标。

知识领域：人文、社会、自然科学3个领域都需要有了解，在某一个方面有深度了解。

第二步：学校与社会教育情况分析。

学校资源：学校的评价标准单一，对成绩不够好的孩子认可度不高，而且平时都在忙学习，组织团队合作的学习任务比较少，所有学科的学习都是单独进行。孩子在团队中学习合作的机会不多。

社会教育资源如下。

营地活动：看到很多营地活动项目都在强调团队合作，但是都是在假期进行。

运动项目：运动项目的培训班也有集体项目，通过考察了解到。

篮球：项目是集体的，队员的年龄在10~14岁，每周练习一次，每次2小时，1小时体能、1小时技术。教练的篮球技术比较好，但是对于孩子没有教育上的引导，比较直接。本项活动的过程中，教练和父母没有沟通。

费用：3500元/期。

橄榄球：项目是集体的，队员年龄在12~16岁，每周练习一次，每次2小时，1小时体能、1小时技术。教练除了强调橄榄球，还会组织讨论，男孩子之间的气氛很好。此项活动过程中，教练和父母有一些沟通，但不充分。

费用：3500元/期。

足球：项目是集体的，队员年龄在10~14岁，每周练习一次，每次2小时，0.5小时体能、1小时技术、0.5小时队内小比赛。教练足球技术一般，但是每次会在教育内容上下功夫，比如，组织孩子们对每次训练有总结，每个孩子都需要负责一周的练习总结。还会组织与其他球队的比赛。此项目完成过程中，教练会和父母有沟通，固定在每月1次。

第三步：孩子与家庭情况分析。

孩子情况：年龄11岁。

心理：特别想交朋友，每次都很渴望和同学去玩，但是没有时间，因为没有朋友，会感受到孤独和难过，有时候也沮丧。

学习力：有学习方法，但是坚持力不够，表现不好，还没有学术能力的意识，学业表现不错。

社会能力：独立思考能力不错，但是在团队合作中没有办法表达自己，并且不知道怎么和别人配合，所以出现躲闪害怕的情况，因为这个，小兵对自己的评价很低。

知识领域：人文、社会、自然科学3个领域都有了解。

时间安排：孩子周末还有一天空出来，另外一天需要参加学科补习。

家庭情况：经济上可以参与到运动项目和营地项目中，小兵是独生子女，在家里没有太多的机会和其他同年龄段的孩子在一起。

第四步：规划制订。

学校资源没有办法满足孩子的成长需求。

决定一：要通过社会教育的补充来满足孩子在团队合作能力上的提升。

决定二：假期选择营地，平日选择一个运动项目提升团队合作能力。

决定三：选择足球队作为社会教育的补充。

篮球队更多在意篮球技术，教练也是在意技术，虽然能提高孩子的篮球技术，但是没有办法有目的提升团队合作能力。

橄榄球队的教练会组织沟通，但是整个团队孩子的年龄段偏大，小兵自身团队合作能力不好，需要有教育意识的教练能够进行引导，并且和队员融合。这个也不是最好的选择。

足球队的教练强调讨论，特别好的是队内的小比赛能够让孩子既懂得合作，又懂得竞争。教练组织每周都有人轮流发言，对于小兵很有帮助。

决定四：家庭中父母需要多给孩子发表自己观点的机会，并且更多地创建他与别人相处的机会。

以上3个案例都有代表性，我们决定要用社会教育的资源来补充学校教育和家庭教育没有办法做到的地方，我们在EPS方法的指导下，能够理性地分析，不匆忙做决定，不跟风，也不莽撞。

第7节　教育规划对家庭的要求

教育规划的价值不仅能让我们做出理性的选择，减轻焦虑，更重要的是让我们能够提前做准备。这几年上濒孩子在高中出国读书的人数越来越多，孩子适应国外生活和学习很重要的一个因素，就是出国前是否做好充分的准备。而认识到孩子需要做哪些准备，就和父母对于教育的理解息息相关。

~ 教育规划需要父母提前做好准备 ~

20多年前，我们考虑的是怎么样才能出国读书，而现在，父母们应该考虑的是孩子如何才能在国外把书读好。父母越了解国外教育的本质和学校的要求，就越能更好地帮助孩子做好相应的准备。

我认识一位妈妈，她从孩子小学六年级开始就为孩子初三到国外读书做准备，寻找最合适的语言培训机构，提高社会能力的机会，更多地释放学校的时间来进行课外的阅读和活动。她自己本人，也重新开始学习英语，努力地了解国外学校的要求、教育体系的区别。

她会和我讨论做什么选择是最佳的，我们一起设计了3种方案。而这3种方案孩子自己并不知道，随着时间的临近，孩子需要自己面对选择了，这位妈妈并没有替代孩子做选择，虽然她已经做好了3种方案，她让孩子做决定，但是为她提供信息的支持。

孩子最后独立做的决定在3个方案之中虽然不是最佳方案，但却是一个合理的选择，也让父母对孩子的判断能力有了更深的认识。这一切没有剥夺孩子独立思考和选择的机会，但又能为孩子的选择做好准备。

还有一位外地的爸爸非常渴望让孩子来上濒进入世界通识课程，但苦于无法来北京。于是他开始挖掘本地的公共教育资源，把通识课程中的知识领域内容嫁接在当地的博物馆参观、网络信息的平台上。虽然缺乏了与老师之间的互动和顾问们的观察建议，但是对于孩子的成长已经卓有价值。

孩子的每一步，父母都比他提前很久走，但又不替代孩子做决定。这是一种能力，更是一种境界。相比较而言，有些父母就太懒了，面对留学，更多地把孩子交给中介机构，而语言不通也成为了借口。

近年来国内的发展也让更多有价值的教育项目出现，有特色的学校也对大众放开，父母的选择多了，挑战就更大了。

首先，在价值判断上需要父母突破原有的思维惯性，理解新的概念。

其次，孩子在参与项目的过程中也需要父母的支持，如果父母选择了正确的教育项目自己却没有参与其中，那效果也是有限的。

现在已经不是把孩子丢给学校的时代了，家庭教育一定是孩子成长的核心。时代的发展也把“如何跟上时代的脚步”的课题交给了当下的父母。

父母需要建立以家庭为核心的教育系统，社会资源、学校和各种教育机构都是父母的助手，父母们需要这些资源的帮助，但不是依赖的关系。

~ 教育规划实际上是一个从目的地往起点看的思路，需要长期规划和提前准备 ~

我们在为孩子选择教育机构和做教育规划的时候，通常会有下面的选择路径。

从孩子0岁开始，到三四个月的时候，妈妈刚刚度过关于喂奶等养育的焦虑期；我们开始进入了下一个思考，就是我们要给孩子做什么样的早期教育。到1岁半左右，我们开始想，要给孩子选择什么样的幼儿园；孩子在幼儿园上到4岁、5岁，我们会想：该给孩子选择上什么样的小学呢？接着会想：应该让他去上什么样的初中？

然后到了初中我们会发现，今年这个考试很难，要求很高，或者是说我们家孩子在这个时候学习有点吃力，这时候我们才会去想要去读什么样的高中，然后是大学。

基本上，中国的父母，普遍存在这样的一种现象，当他们把孩子送到大学校门的那一刻，就会觉得自己的教育责任已经完成了，后面的事情就随便他了，我们国内大多数的父母对孩子教育的关注也基本上是在这个时候画个句号。

但是如果我们从教育规划的角度上去思考，要给孩子选择什么样的教育机会的时候，这个思考顺序恰恰应该反过来，我们应该从后往前想：

我希望我的孩子接受一种什么样的大学教育？

然后他高中的时候会怎么样？

要想高中的时候达到这个状态的话，

初中可以怎么样？

接下来是小学，

然后是幼儿园，

早期教育。

规划是从终点到起点，反过来想的一个过程。

终点也许很远很远，我们不是说在孩子才1岁半、1岁8个月的时候就要考虑：我的孩子要到哪个国家读大学；要想的是，我希望我的孩子在大学的时候，他人生当中可能最精彩的那4年要在一个什么样的环境里面去完成。

这个时候我们会发现，当我们在考虑要我们的孩子在初高中阶段就去国外读书的时候，那我们在初高中衔接的问题，在国内读书的时候，对于小学一定要考到一个什么样的学校的焦虑就会减轻。这时候我们对于孩子要读什么样的幼儿园就会有一个放松的心态。

反过来讲，如果我们的选择只有一个，特别单一，也没什么不好，就是一定是在公立体系的这个系统里面，那我们也要脚踏实地地去想，公立教育给了我们什么样的机会，而作为家庭，我们需要做哪方面的统筹，这样的一个倒叙的思考方式，会让我们少犯错误，它也是规划当中非常重要的一点。

教育规划需要我们提前准备，保持长期的眼光才能做到更准确的判断。

~ 教育规划需要理性、开放和长期规划 ~

教育规划需要我们理性地分析，而不是跟风，也不是道听途说，需要我们根据多元化目标去理性地观察，并且有一种开放的心态，因为很多时候我们的开放会给孩子带来更多的机会。

因为，成长中我们在意孩子的感受，在意自己的感受，但这些感受都排不到第一，在面对孩子成长需求的时候，我们需要把孩子成长的需求放在第一位。

~ 教育规划需要我们认知水平的不断提升 ~

教育规划是一个庞杂的系统，而且可选择的内容在不断地变化。这样的动态变化也符合成长教育的特点，随着社会的发展而改变。也正是因为成长教育体系认为家庭教育、学校教育和社会教育的组合才能形成最佳方案，所以才能帮助父母减轻焦虑，站在一个更高、更全面的角度看待孩子的成长。

我们要解决的问题，不是让孩子有学上，而是让孩子在学习道路上有收获。所以，我们需要了解得更多，扩展我们的认知，才能提前和孩子一起做好准备。

现在，很多孩子会面临教育系统的转变。比如，幼儿园的时候，读的是一个国际幼儿园，小学读了一个公立小学，初中则是在国内读国际的初中，到了高中，你希望他到国外去读高中。像这种系统性的转变，如果我们没有规划意识的话，就会在这个过程中犯非常非常多的错误。

想想看：我们在国内参加高考是什么时候填志愿？我读书的时候是要在高考以前就要填志愿的，现在我们国内都是考完以后填志愿。美国申请读大学是在孩子们什么时候开始申请呢？高二或者高三上学期，也就是他们的 12 年级上半期或者 11 年级下半期。如果事先不知道这个信息的话，我们可能在孩子 11 年级的时候，还想着等 12 年级毕业了，再申请大学，而美国大学一般在每一年的 1 月 15 号就已经停止接收申请资料了，我们就会错过。

在国外读大学，需要准备什么呢？以美国为例，可能会需要托福的成绩、SAT 的成绩，论文等；如果申请读艺术类的学校，还需要作品集。准备这一系列的资料至少需要两年时间。如果我们事先不知道这些要求的话，我们就会犯错误，这个错误会使我们来不及做准备。

所以如果我们了解系统，了解规划的步骤，了解我们要去的地方是哪里的话，我们可以减少犯错误的可能性。但是最重要的，当我们知道我们要去哪里的时候，我们会发现我们的心态会有变化。

我遇到过一个家庭，因为他们拿的是国外的身份，初中就要到国外去读书了，已经是决定了的事情。结果孩子读小学阶段的时候，妈妈看见周围一堆人在学奥数—— 都在为了小升初学奥数，就变得特别焦虑，拿鞭子赶着儿子赶紧去学奥数。

其实他没有必要学。第一，孩子的兴趣点不在数学方面，更重要的是完全不需要为了升学而学奥数。但是由于妈妈自己内心的焦虑，她会特别地让孩子去学和别人一样的东西，最后这个学完能用吗？对这个孩子来说，花时间去学他自己不喜欢也不擅长的奥数并没有特别重要的价值，因为在他的教育规划方面，它不是必需的，甚至是完全不需要的。

第 8 节　教学研究规划（RDS）

教育规划是家庭教育的重点，那么教育者的“法”是什么呢？

教育者的“法”是对于教育教学系统的研究，也就是教学研究规划（Research Development System，RDS），成长教育认为应在符合科学成长规律多元目标的基础上，对于教育教学系统地规划。

评价一个教学项目可以用 3 个层次：正确、有效和有趣。

首先达到正确，在正确基础上有效，在有效之后就是有趣。

教学系统的规划分为以下 6 个步骤。

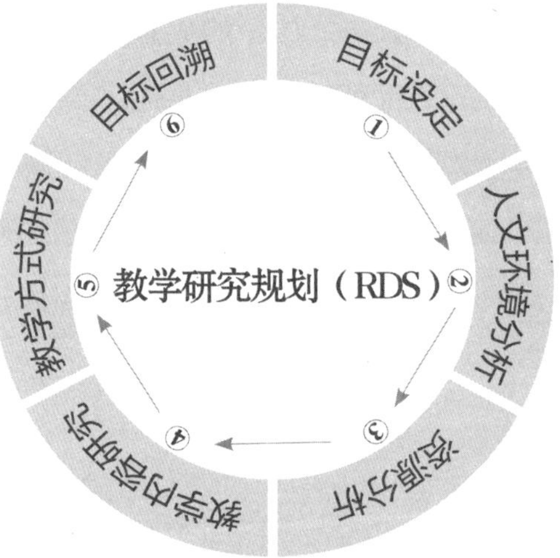

~ 第一步：目标设定 ~

科学性是成长教育的基础，在目标设定的时候，我们需要思考一个新的教育项目的目标是什么。这个目标需要从知识领域、社会能力、学习力、心理状态上去考虑。在众多目标中需要聚焦到一些关键要素上。这样才能让研发人员更加聚焦在后续的研究工作中如何实现这个目标。

从一个多元化的目标聚焦到精准目标，需要研究目前我们的“目标人群”的社会和文化背景，在这样的研究中确认我们的目标。

2002 年 7 月我回到国内，一直在做调查和走访的工作，直到 2003 年 3 月成立上瀕的时候，才开始了目标设定的这个步骤。根据成长模型，我把教学内容的重点放在人文科学和社会科学方面，因为这是中国孩子在学校教育中缺乏的内容，但又是非常重要的。在学习力上，着重于学术能力和自主学习的能力，而在社会能力上，着重于自我认知、独立思考、沟通表达、团队合作。

虽然在不同的项目中，又有不同的取舍。上濒到目前为止所有的教育内容都是来自于自己的研发，内容形式上有营地、课程、沙龙、新媒体节目，孩子的世界通识课程与活书阅读课程长达 5 年。尽管种类繁多，种类不同，相同的是在 6~16 岁不同年龄段在每一个分项上都有具体的评价标准。比如，在学术能力上，对于一、二年级的孩子来说，要有提出问题的意识，在自我认知上，12 岁的孩子需要能够对自己能力特点进行准确的评估。

只有当目标具体，才有可能真正让教育项目对学习者有帮助，对于教育者来说能够有的放矢。我需要特别强调的是，目标不仅是指针对学习者，还需要有教育者的目标。成长教育认为学习者和教育者有双向收获才是真正积极的关系，并且教育者和学习者需要共同把目标传递给父母，就能形成最积极的生态圈。

一个教育者开心，学习者愉快的教育环境才是最幸福的。

~ 第二步：人文环境分析 ~

人文环境指的是对所处于教育环境中人物的分析，他们的心理状态、知识领域、学习力和社会能力。成长教育要关注的是 3 种角色，在研发教学系统时，同样也需要分析学习者、教育者和父母。对学习者的分析是很多人会关注的，但是对于教育者的分析却很少有人关注。可是，好的教育项目需要优秀的执行，如果不研究谁来执行方案，需要什么能力的人来执行方案，那么再优秀的方式可能都没有办法正确有效地执行。如果是针对孩子的项目，我们也需要考虑父母的配合或支持程度，以及他们的想法。

虽然我们可以通过培训来提升教育者与方案之间的匹配度，但是前期对于教育者的能力研究是非常重要的。在成长教育同一个多元目标的系统中，这样对于研究的一致性很有价值。

上濒有两个部门与教育者能力分析息息相关，一个是人力资源的招聘部门，另外一个是教育培训部门。首先，我们需要根据成长模型中对教育者能力的需求寻找到合适的人才，所以招聘部门也会使用成长模型。其次，教育培训部门需要根据不同的教育项目对教育者的要求，增加培训内容。比如，每年的营地项目，我们的培训基本上提前3个月就开始了。目的就是要让教育执行者不仅仅知道要做什么，还需要熟练掌握。

因为一起练，才能成长。

~ 第三步：资源分析 ~

资源指的是在教学环境中有哪些资源是可以被教育者运用的。

时间：我们需要在多长时间之内达到教育目标。2个小时，1天，

1 周，1 年，时间长度不同设计不同；时间是否连续，间隔多少，也是需要考虑的。

超过 1 天的项目，我会把时间计算到小时；总时长 1 天内的项目，我会把时间计算到分钟。

对时间的考量特别重要，还需要考虑学习者注意力时间的有效期，应该如何延展或者激发。比如，上濒的世界通识课程，每次课 120 分钟，中间没有休息。面对一、二年级的学习者，他们的注意力时间最多保持在 20 分钟，而且 40 分钟是他们的习惯休息时间，因为学校课程每节课是 40 分钟。这些时间关键点都在帮助研发者考虑，要想帮助学习者度过注意力疲惫期，需要在这个时候改变课程内容，至于是什么，就必须要在下一步的教学方式中具体思考了。

地点：室内或者室外。室内要考虑学员人数，这和时间有关系。时间越短，学员越多，最大的可能就是会限制教学方式的多样性，如果要保证每个学习者的目标达成，就需要更有创造力的方案。

室外的内容要考虑是否会受天气情况的影响。如果下雨还能进行吗？放在夏天酷热会不会造成中暑？

知识信息：知识信息里包括了使用的书籍、报纸或者其他媒体。同样，我们还需要考虑活动地点的历史文化信息及特点。这一项是特别针对营地项目的，特别是带有参观类别的游学项目。上濒有一个“古都探秘”的营地系列，洛阳、西安、南京和北京。每个城市都有大量的文化、历史资料，这些都是非常重要的资源。还有要去的时间段所在地是否有突出的活动。

比如，2014 年我和孩子们去法国、意大利，在巴黎的时间点正好是环法自行车比赛，我们就很好地利用了这个机会做了一个有意思的设计。

更多地掌握目的地的信息，会具备更大量的、丰富的信息，这是做好研发的基础。

经费：有多少费用能够被教育项目的内容使用。有效地研发课程甚至需要计划到人均费用。

在与研发团队开会时，我会经常说："研发团队最不能放弃的是教育价值观，最要坚守的就是科学态度，最需要挑战的就是自己的逻辑，最需要创造的就是在有限的资源中达到目标，最需要保持的是开放的心态，最需要忘记的就是自己的虚荣心。"对的，不仅是教育研发团队，教育执行团队也是一样，忘掉自己的虚荣心。分清楚，爱孩子，爱自己，还是为了爱自己去显示爱孩子。

~ 第四步：教学内容研究 ~

教学内容指的是知识领域，也就是学习者在这个时间内都在学什么。需要考虑学习者的学习能力，我们拥有的时间资源，我们拥有的信息资料。在大量的信息资料中，需要选择哪些信息作为知识领域的载体呢？需要考虑以下几个因素。

- 哪些知识信息是学习者在这个项目中需要获得，符合学习者的年龄、认知水平和心理状态的。

- 哪些知识信息最能凸显内容主题。

- 哪些知识信息和教学方式的匹配度最高。

我们去挪威的奥斯陆，选了维格兰雕塑公园作为一天的活动地，8 小时的时间可以让我们在雕塑公园里达到教育目标。因为它满足了以下条件。

1. 选择维格兰雕塑公园的原因是这里集中体现了一个主题，就是人的生与死。

2. 从婴儿出生，经过童年、少年、青年、壮年、老年，直到死亡，反映人生的全过程。因为去奥斯陆的孩子们年龄段是 11~16 岁，并且 12 岁以上孩子占到 80%。处于青春期的他们在了解人一生的过程中，可以有很多关于家庭、关于自己成长的思考。

3. 这个公园占地面积 50 公顷。占地面积可以让我们有大量的空间，可以做很多活动策划。

4. 室外环境能让我们有更多讨论、当众表达的机会。

我需要提醒的是，在内容的选择上，一定不能有个人偏好，也就是研发者自己的喜好。研发是一个有我，然后忘我的过程。忘掉自己的偏好，特别是在内容选择上，我们通常会选择自己喜欢的、熟悉的过程，这就是在愉悦自己。怎么样才能“忘我”？就是使用目标来决定选择。

~ 第五步：教学方式研究 ~

教学方式指的是学习者用什么方法学，教育者用什么方式教，这个方法直接影响的是学习者在学习力、社会能力和创造力方面的收获。在一个高质量的教育项目中，我们需要用的有可能是多种教学方式的组合。但同样，所有的教学方式都需要符合学习者的心理状态、个人能力的特质。

在挪威，我们选择了奥斯陆的维格兰雕塑公园，那里给我们提供了大量关于个人、家庭，以及生死的讨论机会，宽广的场地及充裕的时间。

这次活动的教育目标是提高个体的自我认知、独立思考、沟通表达和团队合作。这里的团队合作主要是与家庭其他成员的合作。因为处于青春期的他们，需要意识到家庭的重要性，父母对于家庭的价值，自己的成长。

于是在教学方式上，我们分成了几个部分：第一，用团队的方式浏览整个公园；第二，让每个孩子找到一个让他们最有感受的雕塑；第三，把这个雕塑拍照发给国内的父母；第四，给国内的父母打电话，和他们谈谈自己对这个雕塑的感受，也同样听取父母的感受。可以说，这样的一次沟通意义非凡，孩子们和父母的心更贴近了，最重要的是他们彼此对于家庭都有了一次非常正式的表达。这就是在已经选用的教学内容上，使用了正确的教学方式，最终达到了教学目标。

好的教育设计会在一个教学任务上达到几个目的，这样的教学任务不仅能让教育内容高效，还能让内容有趣。所以，研发者随时要用目标来激发自己的创造力，从而让时间能够高效起来。

在我们的活书阅读中，我们就使用了思维导图、创作故事、精读、论文、写作等多种方式来帮助不同年龄段的孩子共同学习。

除了教学方式，我们还要考虑组织形式来帮助学习者建立安全感和归属感。

比如，每年营地活动，我们都会把营员分成不同的小队，建立团队的第一个任务就是取队名和口号。其中的目的就是强调归属感。如果教育者知道队名和口号是为了帮助营员有归属感，那么在营员取队名口号的时候，我们就不会评价是否好听，而是让他们感受到自己有决定的权利；在每一项任务执行的过程中就会不断地强调队员用口号来为自己的团队庆祝，在失败的时候用口号来鼓励彼此。

那么，如果教育者不知道呢？可能在取队名、口号的时候就会过多地参与，减少了孩子们可以做决定的机会，让他们缺少了自主性，而在后续的活动中没有使用口号来激发士气。所以，口号就是口号，在提升孩子的安全感和归属感上发挥作用。

比如，在世界通识的课程中，对于一、二年级的孩子来说，最重要的是培养孩子们独立思考的意识和沟通表达的意识。意识，就是意愿，对于七八岁的孩子来说，让他们感受到思考的美好、表达的快乐是最重要的。从研发的角度来说，就需要在“教学任务”上下功夫，并且把这个原因在教案中明确，这样，教育执行者就可以在课程中客观与高质量地评价孩子们的意识，而不是从“想得好不好，说得对不对”去做评价了。了解行为背后的原因对教育者和学习者共同达到教育目标是非常重要的一点。

一个优秀的教育项目的研发不能仅仅传递给教育者要做什么动作，说什么话，更重要的需要让教育者明白这些要求背后的原因。教育执行者对原因有较好的理解，才能让教育项目有生命，因为学习者是多样的，好的内容需要因材施教，这种个性化的设计则需要教育者心中有目标，能够随机应变地解决问题，实现成长。

~ 第六步：目标回溯 ~

项目研发的最后一步是确认目标。确实，从第一步开始就需要强调目标，因为所有的内容都需要真正解决问题。项目研发是一个很孤独的工作，它不需要热闹，需要的是正确和有效。

我们用以下几个问题作为一个教育项目最后的环节。

目标达成了吗？

教育内容的选择适合学习者的特质，符合科学吗？

教育方式的选择适合学习者的特质，符合科学吗？

在教育的有效性上，做到了吗？

这是一个有趣的方案吗？

是否考虑了父母在项目中的参与度？

是否考虑了教育执行者的需求和能力？

项目还有什么能够提升的？

如果再给你一周的时间，你还会做哪些调整？

RDS是帮助教育研究者掌握研究思路的工具，教育研究是一个非常孤独的工作过程，是一个自己和自己对话，自己打败自己的过程，不管是个人，还是团队，面对研发工作，我们需要知道，研发工作是没有终点的。

一个6天营地的研发，大概需要我们的研发团队用3个月的时间来完成，上濒的少年课程（世界通识、活书阅读），是已经运行了15年的项目，这个项目依然每年都会根据一线教育执行者的情况，孩子们的收获，父母的反馈做出很多的调整。但是，研发者需要坚定分析的仍然是，我们的每一个方案满足的不是孩子的需要，也不是父母的需要，而是孩子成长的需求。所以，我们也有责任引导教育项目中的3种角色都达成共识，当3种需求一致，都是满足成长需求的时候，我们的教育过程就是美好和幸福的。

在我看来，优秀的教育项目体现在“落地”的能力，再好的教育理念没有形成具体的内容，就是空中楼阁。

一个优秀的教育研发人员，需要重视运营的需求，共同解决问题。一个优秀的教育项目，如果没有人参与，没有更多的人参与，就没有办法让更多的人获益。研发人员经常犯的一个错误，就是对运营伙伴说，这是教育，你们不懂，我们才是专业的，这是非常大的错误。因为研发就是需要周围人质疑的过程，如果在自己的团队中都没有得到认可，那又怎么让更多的家庭参与其中呢？如果我们认为自己是正确的，就需要坚持，让更多的人理解我们，如果我们错了，就要不断提升。

“法”，是规划，是家庭的教育规划，是教育者对教学的规划。需要我们有格局，有远见，有眼光。

“术”，是具体方法，是实操过程，是父母在家庭中的做法，是教育者在教学场景中的做法。

我们需要弯下腰，低下头。眼高，是“法”；手低，是“术”。

第 4 章

成长教育的“术”

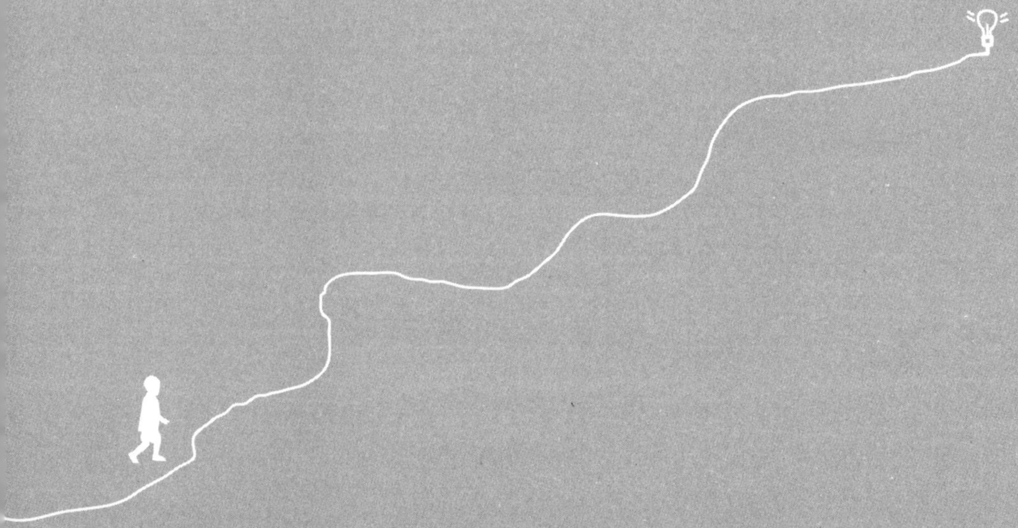

成长教育的第三个层次是“术”，它基于“道”的方向和准则，满足策略和实现规划的方法、技巧，帮助我们解决在生活中遇到的实际问题。

成长教育的“术”是一个整体解决方案，通过我们对于解决问题的规律性步骤的把握，能够改变我们思考问题的角度，解决孩子成长遇到的问题及父母的焦虑和教育者的困难，实现三者的共同成长。

第1节　关注问题　提供方法

真正的教育者，不应该只是停留在“批评”或者“评论”，不应该只是体会他人的感受，更重要的是提供有效的帮助，解决问题，实现成长。这也是成长教育的核心价值观。

解决的问题有两类，一类是孩子出现的问题，比如“孩子不吃饭怎么办”“孩子的学习方法太差，怎么办”；另外一类则是孩子在某个阶段无法获得提高的能力会带来的问题，这类“问题”会比较积极一点。比如“如何提高孩子的独立思考”“如何培养孩子的创造力”。类似这两个问题，实际上是父母关注度少的，是关于发展的问题。但是人的本性都是会关注和渴望解决那些已经对生活学习造成困扰的问题，更愿意付出成本。

其实，如果越来越多的家庭开始关注那些发展型问题，或者在时间金钱的投入上会更多关注发展类问题，那这就是一种进步，预示我们在关注发展，而不是止于眼前。对已经出现的问题找到解决方法，提前看到孩子的发展需求，去提前准备，其实我们都在生活中扮演这两种角色，所占比例的不同决定了我们是否能够更从容地面对孩子和自己的成长。

在“兰海说成长”全视频父母学习的 App 中，我们把婴幼儿期、儿童期和青春期三个阶段的视频课程分成了两个方向，一个是帮助父母解决孩子已经遇到的问题；另一个是帮助父母在家庭教育中培养发展各方面的能力。和我们预期的一样，父母有更大的意愿学习如何解决已经遇到问题的课程。我们希望，父母能够把学习的重点放在发展型课程的学习上，因为这些课程的学习和运用，可以降低孩子遇到问题的可能性。

如果一个家庭关注孩子个人发展，根据成长的需求为孩子提供成长的机会，那么相应出现棘手问题的可能性就会降低。比如，孩子在成长过程中父母关注他自我意识的发展，给予孩子足够多的发表自己意见的机会，帮助孩子学会如何在团队中与他人合作，找到实现自我价值的途径，还能在学习上学会独立。那么进入青春期的他们，在自我价值需要实现的时候，能够在团队中找到自己的位置，能够在除了学习成绩以外有一个多元化评价的地方，有一个更开阔的地方。那么我们就不会面对一个因为失去团队认可而沮丧，因为没法实现自我价值而全盘否定自己，为了获得认可去违背自己的意愿，会沉迷网络，会萎靡不振的青春期孩子。

遇到这样的问题，父母已经很难解决了，每个人今天的样子与过去的所有的积累有关，而青春期又恰逢一个最难的时期，等到出现问题再去解决，需要太多的时间、精力，而且就算花费了大量的时间与精力，也是一个艰难改变的过程。

时光倒流回到孩子小时候，我们可能因为各种原因不会去为孩子的成长做这些准备，因为这些方面的大多数内容是隐性的，不太容易被察觉。

“我们太忙了。”

“这个和学习无关吧，可以放放。”

“不会有问题吧，可能不需要。”

“这个要花费很多时间啊，有空的时候再做吧。”

回到现在，如果我们遇到的是孩子处于很糟糕的状态，我们的内心活动就变成了：“天啊，我要怎么办。现在只要能解决这个情况，我做什么都可以！”

“要花多少钱，我都可以！”

“我宁肯辞职，来配合，我干什么都愿意！”

早知如此，何必当初?

第 2 节　我们的惯性思维

GMCC（即 Goal Setting Technique，Method Design，Conduct，Conclusion 的缩写）的阶段解决方案是一个比较完整的方案，确实需要很长时间建立这样的思维习惯，或者是改掉自己的思维惯性。

我们的思维惯性是什么?

~ 关注事不关注人 ~

引起我们关注的往往是已经发生的事，而我们要解决的就是事情本身，所以我们在面对问题的时候，就关注事，缺乏对人的关注。

比如，成绩下滑了，我们才开始关注孩子是否适应了新学校，是否有适当的学习方法；被霸凌了，我们才开始唏嘘为什么没有早一点发现孩子郁郁寡欢，不说话。

我们需要关注的“人”，其实不仅仅是孩子，还有我们自己。我们的情绪，我们的感受，我们的困难。

我们，不仅仅是父母，也包括老师，是否有表达自己的机会？我们的情感谁来关注?

~ 关注结果，不问原因 ~

问题出现了，我们开始找各种解决问题的方法，这是很好的应对。但是寻找方法的时候却没有花时间去寻找导致问题的原因。所以要么

“碰对”了方法，要么就是觉得什么方法都是错的。这不是最关键的，最重要的是它没有帮助到孩子，同时对自己也不满意。

同样是发烧，目的就是降温。但是，引起发烧的原因有多种：因为肠胃不适引起的发烧，因为炎症引起的发烧，因为感冒引起的发烧。从医学上来说，治疗方式、用药也会不同。

所以，只有花更多的时间去寻找原因，才能真正解决问题。

这是能正确解决问题的根本。

~ 好了伤疤忘记疼 ~

解决了问题，我们开心了。但总是缺乏一个总结环节，回顾为何引发问题，自己有什么样的思考，以后有什么可以借鉴。

引发孩子问题的背后，往往是父母的行为或老师的方法需要提高。而成年人的改变真的很难，可以说孩子的一个问题改变了，但是如果成年人没有保持住自己的成长，那么问题会随时出现。我们就不得不成为消防队员。就算是伤疤好了，我们也要让自己继续疼，才能知道应该怎么做，值得花多长时间来坚持。

第3节　GMCC 的 4 个阶段

GMCC 是我在过去 15 年的理论学习和实践工作中研究出来在个人

成长中解决问题的系统。GMCC 不是一个方法，而是一个系统方案，由不同的解决问题的阶段组成，这也是成长教育的特点，单一的方法不能全面有效地解决问题，需要我们用一个系统方案才能真正有帮助。

GMCC 分为 4 个阶段：

第一阶段：G-Goal Setting Technique　目标设定

第二阶段：M-Method Design　方法设定

第三阶段：C-Conduct　执行

第四阶段：C-Conclusion　总结

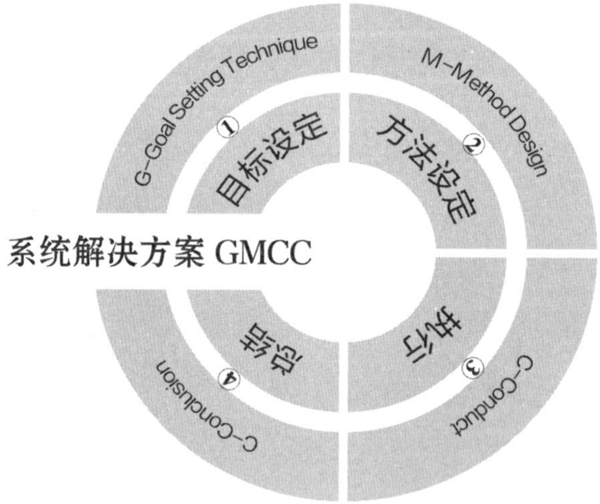

~ 第一阶段：目标设定 ~

每一个行动背后都有我们的目的，就算是你认为自己毫无目的地喝水，那在背后也有打发时间，不想思考的目的。

人与人之间的关系通过彼此的行为来互相影响，亲子关系中父母和孩子之间的影响，师生关系中教育者和学习者之间的影响，都会由目标来引导。

我们的每一个行动都来自需求，也就是我们所说的动机。但是作为父母和教育者，我们通常在面对孩子的时候，会产生需求上的困扰，而正是由于在需求上的错误和不清，也会导致我们用了很大的力气，结果却不能令人满意。

我们先来看看到底在需求分析上有什么学问。

电子游戏的问题：

场景一：

4 岁的浩浩和妈妈在家，孩子提出要玩电子游戏的需求，被妈妈拒绝了。妈妈认为浩浩在上午已经使用过 iPad 30 分钟了。所以现在不能玩。

场景二：

4 岁的浩浩上午已经使用过 iPad 玩游戏 30 分钟，下午家里来了客人，妈妈招待客人，而浩浩在一边吵闹，非要妈妈给他讲故事。妈妈忙着要照顾客人，又看着浩浩在闹。此时，浩浩说："妈妈我能玩下 iPad 吗？" 妈妈立刻就把 iPad 递给浩浩了。

上面两个场景中，浩浩提出了同样的要求，为什么妈妈会做出两个不同的决定呢？

原因就是需求发生了变化。我们先来看一下需求是怎么区分的？

孩子的需求：指孩子内心的渴望，想得到的东西，想要做的事情。

父母（教育者）的需求：指父母（教育者）内心的渴望，想得到的东西，想要做的事情。

成长的需求：指满足“成长”的需求，这个需求不以“个人”的渴望和动机为标准。

在三种需求统一的时候，我们会看到父母和孩子做了正确的决定，同时孩子也获得了成长。

场景一：孩子的需求是玩 iPad，妈妈的需求是他上午已经玩过了，不能再玩。成长的需求是电子游戏时间过长对眼睛和身体没有好的影响。

当父母的需求和成长需求一致的时候，父母会做出准确的判断。

场景二：孩子的需求是玩 iPad，妈妈的需求是朋友来家里了，只要孩子不吵就好。成长的需求是电子游戏时间过长对眼睛和身体没有好的影响。但是，妈妈的需求正好可以从孩子的需求获得满足。孩子玩游戏，孩子就不会吵，妈妈就能招待朋友。这样的情况下，妈妈也就把“成长的需求”抛在脑后了。

通过上面两个场景我们可以看到，如果三个需求一致的时候，会朝向积极的方面发展，而且孩子和父母之间会形成一种融洽的合作关系。如果当孩子或者父母中的一方与成长需求一致的时候，如果不同意见的一方是权利稍低的一方，那么一致方则会根据自己的需求，也就是成长需求来制定策略。

如果是控制方的需求和成长需求不一致，我们应该努力地让三个需求保持一致，这样才能愉快地满足孩子成长的需求，当然现实生活中往往不是如此。

成年人在做下意识判断的时候，通常会更多地考虑自己的需要。比如，用最快、最直接的方法满足自己的需求。思考孩子成长的需求，需要成年人进行理性思考和分析，这需要练习。对需求的准确判断帮助我们在培养孩子成长的方向上有一个正确的判断。

在孩子不同的年龄段，父母和孩子判断的准确性带来的效果影响各有不同。

孩子 0~6 岁的时候，父母的决定权利更大，父母的需求和成长需求的一致几乎能够决定判断的准确。随着年龄的增长和能力的提升，学龄后的孩子将会有更多的机会发表自己的看法，并且自我意识开始增强，此时，做决定时还是以父母的意见为主，但是父母会考虑很多孩子的建议，也会感受到孩子提出建议的压力。

在青春期的时候，孩子自己的需求会成为他们决定和判断的因素，而父母做最终决定的可能性就会降低。往往还会因为父母和孩子的需求不一致导致激烈冲突，最后在大部分情况下，都是以孩子的需求作为最后的决定。

以上的分析告诉我们，需要思考以下几个问题。

如何判断“成长的需求”？

如何让三种需求都保持一致？

如何才能让父母做出和成长需求一致的判断？

如何才能让孩子做出和成长需求一致的判断？

什么是成长的需求？成长的需求指符合个人成长的科学规律的内容，对个体的成长有价值的内容。这需要根据不同年龄阶段的成长规律才能进行判断。

判断需求需要有以下几个步骤。

第一步：观察孩子的需求。

第二步：分析自己的需求。

第三步：判断成长的需求。

第四步：提出成长的需求。

还是用浩浩玩 iPad 作为例子来分析，我们还原一下当时的场景。当浩浩提出要玩 iPad 的时候——

第一步：观察孩子的需求，我们首先想一想，他的需求是什么。是因为他无聊，他直接提出了一个解决方案，就是玩游戏。所以，他的需求实际上是“解决无聊”。

第二步：分析自己的需求，妈妈可以想一想，自己想要什么。“嗯，我不希望他对着电子产品。我希望他干点别的。”

第三步：判断成长的需求，孩子需不需要那么久地看电子产品。

第四步：拒绝孩子提出的需求，“不行，你之前已经玩过了，现在不行”。

因为我们判断孩子实际上的需求是“解决无聊”。所以可以提出：“妈妈知道你觉得无聊，我们一起想想可以做点什么呢？”

场景二中，妈妈不能为了自己能专心招待朋友，而同意孩子玩iPad，所以，就算是孩子哭闹，也还是不能同意。但是可以提出安排孩子做有趣的事情的选择。

经过分析我们可以看到，孩子说出来的需求不一定是他们内心的需求，只是他们的解决方案。其实，我们发现，很多成年人也是一样，我们和孩子沟通的时候，通常在反对孩子们所提出的解决方案，而不是提出更好的方法帮助孩子解决自己内心的需求。

比如，两岁的孩子会不断地把桌子上的玩具扔在地上，并且在几次劝阻之后还在进行这样的行为。而实际上，孩子的诉求是希望通过这个行为来看到自己有权利行使自己的愿望，证明“我是存在”的，这是孩子自我意识发展的需要。他只是通过这个行为来满足自己的需求，但他真正的需求就是与科学成长规律一致的，自我意识的需求。这时，父母可以跟孩子对话，或者通过和他一起互动玩游戏，来达到自我意识的需求。

父母需要注意以下事项。

- 努力学习个人成长的科学规律。

- 不要被自己的情绪困扰。

－不要被外部环境影响。

准确而合理的目标会与孩子成长的需求一致，而不是单一地满足亲子关系或师生关系中某一方的需求。设定出正确合理的目标需要我们客观理性看待孩子的成长，并且找到积极的方法。

~ 第二阶段：方法设定 ~

在我们努力地确认了积极合理的目标之后，就需要开始思考通过哪些方法能够达到目标。我发现很多父母去思考如何帮助孩子的时候，通常都是从这个阶段才开始，而忽略了重要的第一步。

方法设定上分成以下步骤。

第一步：观察 3 种环境（OAT 观察与分析技术）。

第二步：通过信息分析原因。

第三步：制定方法。

要想找到正确有效的方法，这三步缺一不可。大多数情况下，我们会直接制定方法，或者去执行，中间忽略了太多的过程，所以会导致用了很多方法，也没有使事情朝好的方向发展。

我们先来看看什么是 OAT 观察与分析技术。

OAT 观察与分析技术指的是我们需要观察孩子的行为所发生的场所，观察孩子与周围人的关系，观察孩子和周围关联人的心理感受。这些观察到的信息能够帮助我们分析在孩子行为背后都有什么原因。

我把 OAT 观察与分析技术定义为对 3 种不同环境的观察，分别是物理环境、人文环境和心理环境。

物理环境：指个体所处的空间和摆设的状态，室外的气温、风、阳光、空气、室内的灯光、味道、家具、书籍、电子设备等。

人文环境：指个体在主要生活范围中与别人的关系，比如，父母、祖辈、亲戚、朋友、同学。所有关联人之间的关系如何具体表现。

心理环境：指个体的心理感受和情绪，以及与个体相关人的心理感受和情绪。

这 3 种环境所体现的信息能让我们寻找到产生这些行为背后的原因，如同解读密码一样。因为人的行为总是被这 3 种环境影响。

对人的了解，需要我们付出极大的耐心去观察。在我的研究中，我发现，就算是每天花费 20 小时和孩子在一起的父母都不一定了解自己的孩子，有的父母描述自己的孩子头头是道，但里面夹杂了大部分自己的主观意识，甚至有时候是自己假想的内容。所以，如何观察孩子，做到客观全面就是父母和教育者需要解决的问题。

第一步 ：观察 3 种环境。

成长教育观察法强调通过系统的方法，帮助观察者提高观察的全面性，并能够通过观察的结果制定目标并且从中找到孩子行为背后的原因，从而找到解决问题的方法。

成长教育的观察分析法有以下关键要素。

- 陈述事实。

- 具体描述。

- 不要总结。

- 不要评价。

观察者能看到以上 4 个要素是特别重要的，无论是父母还是老师，都需要让自己慢下来，并且在观察的过程中抛弃掉自己的主观看法。事实上，太多人永远只看到自己相信的或者希望自己能够看到的，而忘记了自己需要用客观身份来陈述看到的一切。

让我们用同样的例子来看看 OAT 观察与分析技术的使用。

4 岁的浩浩上午已经使用过 iPad 玩游戏 30 分钟，下午家里来了客人，妈妈招待客人，而浩浩在一边吵闹，非要妈妈给他讲故事。妈妈忙着要照顾客人，又看着浩浩在闹。此时，浩浩说："妈妈我能玩下 iPad 吗？" 妈妈立刻就把 iPad 递给浩浩了。

物理环境：家、室内、下午晚饭前、 iPad。

人文环境：妈妈、妈妈的客人（成年人）、浩浩。

心理环境：妈妈——忙碌、应接不暇、希望浩浩安静不要吵闹；

浩浩——无聊。

第二步：通过信息分析原因。

根据以上环境的观察，我们可以看到浩浩因为家里来了客人，妈妈忙着招待客人，顾不上浩浩。此时的浩浩觉得特别无聊，于是提出要求。

无聊，是浩浩想要 iPad 的原因。

第三步：制定方法。

浩浩提出玩游戏的原因：无聊，没人搭理自己，妈妈忙，没有其他事情可以做。加上看见妈妈顾不上自己，这个时候正好提要求。

原因的核心就是无聊，于是此时妈妈需要做的是"解决浩浩的无聊"。妈妈需要找到一个可以让浩浩觉得有趣的方法。

有趣的方法列举如下。

- 设计一个游戏，让浩浩和来访的客人玩。

- 浩浩可以帮助妈妈招待客人。

- 和客人一起玩拼插玩具。

- 客人可以给浩浩讲故事。

以上这些方法都可以让浩浩不再提出"玩 iPad"的要求，也达到了与孩子成长需求一致的目标。设想一下：如果我们没有找对原因呢？也许我们就会选择直接拒绝，或者大声呵斥。也许孩子最开始能够停止，但是他还是非常无聊，接下来他会做什么呢？就算他不再要求玩 iPad，也会觉得妈妈不关心他的感受，会忙着照顾朋友，对他的需求无视。

第三阶段：执行

C-Conversation & Communication Technique（CCT 谈话与沟通技术）

有时候的方法是一个，有时候需要好几个不同的方法。但是无论是哪一种，都需要我们真正地运用起来。CCT 在执行的过程中，最需要关注的是“目标”和“情绪”。

时刻提醒自己注意目标，是为了保证在执行的过程中没有因为情绪的影响而忽略了目标的执行，反而满足了自己的目标。情绪指的是在执行的过程中需要关注孩子的感受情绪，同时也需要关注自己的感受。因为我们都是受情绪驱使的，很多时候会随着自己的情感变化而忘记了最开始冷静思考制定的目标。

我们拒绝了浩浩的要求，在我们提出浩浩可以和客人一起玩游戏之前，浩浩用一种激烈的方式来表达自己的情绪，比如，哭或者要赖皮。此时可能会因为觉得客人多，妈妈就放弃了目标，而是同意了浩浩的要求。也有可能旁边的客人劝说一句：“算了，就一会儿，给孩子玩吧。”我们就妥协了。

让方法能够坚定执行的要素就是时刻记住目标，它不是满足我们成年人的需求，也不是孩子的需求，而是孩子成长的需求。

无论孩子在哪个年龄段，也不管我们提供了什么样的方法。和孩子之间的沟通是必需的，所以在执行阶段，我们需要掌握一门特别重要的技术，即 C-Conversation & Communication Technique CCT（谈话与沟通技术）。这个技术分为以下步骤。

第一步：确认目标。

第二步：表达彼此的感受。

第三步：方法（直接告诉 / 讨论）。

第四步：我们的角色定位。

第五步：鼓励支持。

当妈妈想到了一个游戏可以让浩浩和客人一起玩，于是妈妈开始了和浩浩的对话。

第一步：妈妈知道目标是让浩浩和客人玩游戏。

第二步：妈妈蹲下来，平视浩浩的眼睛，告诉浩浩：“妈妈知道你现在特别无聊，妈妈确实现在忙，没办法陪你。”

第三步：“妈妈找了一个你喜欢玩的拼插游戏，还给你找了一个大朋友琳琳阿姨，你们一起玩，我看看是不是能拼出一个新东西。”

第四步：“妈妈帮你邀请阿姨一起玩，给你加油。”

第五步：“妈妈现在去厨房准备饭菜，待会儿过来看看你做出来一个什么新东西。我太期待了！”

我们可以看到 CCT 技术可以帮助我们把方法更好地告诉孩子并且形成良性的沟通互动。这样的 5 个步骤让我们的语言变得有效并有感染力。

当然，我们也可能遇到解决一个问题，需要好几个方法的情况，遇到这样的情况，我们就需要一个一个慢慢来。

~ **第四阶段：总结** ~

我们结束了一个方案之后，一定要总结复盘，也许这个总结的时间很短，也许只是几秒钟对自己说的话，但是这样的思维习惯是很有价值的。

总结包括以下内容。

- 目标达成情况。

- 孩子和我的感受。

- 孩子和我的收获。

- 启发。

■ 虽然有 4 个方面的内容，但花费的时间可以根据我们的时间和问题的难易程度来考虑，父母和教育者都一样，每一次的总结都非常有价值，也能提高我们自己的思考能力。

■ 浩浩妈妈在送走客人之后，看着已经熟睡的浩浩，心里开始总结。

- 在使用了游戏之后，浩浩不再要求玩 iPad 了。

- 浩浩和客人玩游戏很开心，我也很开心，因为没有因为方法不对而让浩浩玩 iPad。

- 孩子收获了和大人一起玩得开心，我也觉得自己做得不错。
- 以后有客人来，我可以提前安排一些游戏，不让浩浩无聊。也需要慢慢培养浩浩可以自己玩的独立性。我和浩浩都需要进步。

第4节　教育者如何应用GMCC

对于教育者来说，在使用GMCC的时候又是什么样的一个场景呢？

营地第一天，8岁的亮亮说天气热头痛，拒绝参加团队任务。这个时候，老师怎么办呢？

~ 第一阶段：目标设定 ~

第一步：观察孩子的需求，孩子不想参加团队任务。

第二步：分析自己的需求，希望孩子尽快参加团队任务。

第三步：判断成长的需求。

1. 安全感和归属感都需要获得。

2. 自我认知的提升（对自己有客观评价）。

3. 团队合作的意识。

第四步：提出成长的需求，参与团队任务，其中获得安全感和归属感，自我认知、团队合作。

~ 第二阶段：方法设定 ~

第一步 : 观察三种环境（OAT 观察与分析技术）。

物理环境：户外空地、温度适中、营地第一天。

人文环境：亮亮是第一次参加的团队成员，团队中其他成员都认识，年龄比亮亮大几岁。成年人有自己团队的老师，其他团队的老师，总指挥。营地中一共 4 个团队，互相之间是竞争关系。

心理环境：亮亮第一次参加活动，有陌生感，其他成员都比自己大，因为竞争关系自己也想表现好。

第二步：通过信息分析原因。

当天天气适中，不会因为天热引发头疼。第一次入营，亮亮渴望通过自己的表现获得团队认可，但是因为对于团队安全感和归属感没有确认，又担心其他人对自己的评价，所以拒绝参与活动。

第三步：制定方法。

- 老师和亮亮直接沟通。

- 让老营员直接邀请亮亮加入。

- 寻找任务中难度适中，亮亮可以完成的部分，让他参与。

- 任务结束后，带领大家一起总结，并且让亮亮对自己在过程中的状态进行评价。

- 肯定第一次参加营员的不容易，组织一个小小的欢迎方式，帮助亮亮更好融入。

~ 第三阶段：执行 ~

谈话与沟通技术 CCT。

第一步：确认目标。

亮亮需要通过参与这次团队任务，获得安全感和归属感，自我认知、团队合作。

第二步：表达彼此的感受。

亮亮，我知道你第一次参加营地，有些担心自己做不好，又担心因为自己有可能让团队输掉比赛。在老师看来，第一次参加营地就是一个特别了不起的事了，我也特别想看看你的状态，这个和输赢没有关系，重要的是我们能更多地了解你。

第三步：方法（直接告诉 / 讨论）。

刚刚宣布的任务中，我发现有一个环节需要你去完成。

第四步：我们的角色定位。

我是你的助手，我来帮你。

第五步：鼓励支持。

你看看，这个团队真的需要你，我们大家都信任你，你也需要信任我们，不管你完成得怎么样，我们都互相支持。

执行方法如下。

- 让老营员邀请亮亮加入。
- 为亮亮寻找任务中难度适中的部分。
- 任务结束后，带领大家一起总结，并且对自己在过程中的状态进行评价。
- 肯定第一次参加营员快速进入团队的不容易，组织一个小小的欢迎方式，帮助亮亮更好融入。

~ 第四阶段：总结 ~

目标达成情况：

亮亮参加了任务，完成了任务，虽然不是最好的，但是完成了。结束时，对自己的评价也准确，孩子们击掌欢迎他的加入。晚上，亮亮和其他孩子聊天了。

孩子和我的感受如下。

孩子笑了，被团队接纳的感受很好；我也开心，没有落下任何一个孩子。

孩子和我的收获如下。

孩子：安全感和归属感提升，开始对自己有评价，开始学习融入团队。

我：分析原因，找对方法，并且和其他团队成员（孩子们）一起完成了任务。

启发如下。

心理状态对了，才能解决具体的事。

遇到第一次入营的孩子，应该提前关注他们的内心状态。这次亮亮是表现在行为上，可能其他孩子也有同样的心理，不过没有在行动上表现出来。

当我们熟练地掌握这个技巧，以上 4 个阶段方法的使用可能会在很短时间内便可以完成思考和行动，这样的经验是需要在很长时间通过一次次的练习逐渐积累起来的。这也是教育者需要具备的职业素养。

大家可以下载“兰海说成长”的 App，在核心技术的课程中有关于观察与分析技术（OAT）、谈话与沟通技术（CCT）的练习和示范。

GMCC 不是针对某一个问题的方法，而是系统的整体解决方案。它能够帮助我们启动系统思维，从而能够看到全局。经过一段时间的练习，我们会发现不仅在育儿上面有所提高，在思考与他人的关系上，思维方式上都会有所改变。

在使用 GMCC 时，最难的是在目标设定时要分清楚“孩子的需求，父母的需求和孩子成长的需求”，并且在执行的过程中能够清晰地记住目标。被困住的除了我们需要提高对科学成长规律的认知，就是我们的“情”和“急”。

思源在学校和老师发生了冲突。原因是老师认为他在课堂上讲话批评了他，而思源认为自己在课堂上是为了解答同学的问题才说话，老师这样做不对，就在课堂上和老师顶嘴。老师打电话给思源的妈妈，认为思源不遵守课堂纪律还不尊重老师，并且严重影响课堂秩序。

做法一：父母根据老师的电话信息，立刻就去批评思源不应该上课讲话，还和老师顶嘴。

做法二：父母回到家，表达了对老师的不满，和孩子站在同一战线，觉得孩子是为了解决同学问题，是在帮助同学，老师的批评就是不对。

做法三：父母询问并充分倾听了思源讲述，并理解思源的感受，安抚了他的情绪。

做法四：父母在询问并充分倾听了思源的讲述，在安抚了思源的情绪之后，和思源一起思考课堂上应该怎么做，目前思源能做些什么，老师的情绪来自于什么，以后遇到类似问题怎么办。

你认为哪种最有效？或者，你能做到哪一种？

很显然，第一种做法不但没能解决孩子遇到的问题，反而会造成孩子和老师之间的巨大矛盾，而父母仅仅是把老师的压力传递给孩子。第二种做法没有客观分析事情的发生过程，让孩子觉得只要自己做的是对的，就不用考虑别人的需求，也失去了能够站在别人的角度考虑问题的机会，还会导致孩子和老师之间的矛盾。第三种做法充分理解孩子的情绪，孩子感受到家的温暖，但对孩子的行为缺乏进一步指导。第四种做法中父母在理解孩子的情绪后引导孩子理解老师的情绪，并思考目前应该怎么做，以后需要怎么办。这是在帮助孩子，让他有所进步。

共情、理解孩子、倾听、感受情绪，的确，这些是近几年来众多讲座和培训中出现的高频主题。我们在体会孩子的情绪，感受他们情感上遭遇的一切。不能不说，这是一个很大的进步，我们已经从毫不顾及孩子情绪进步到尊重孩子有自己的感受，并且愿意倾听他们的想法。但这是目的吗？理解孩子的感受是为了帮助他释放自己的情绪，但是当孩子的情绪释放并得到理解之后，他的问题解决了吗？他是否知道下一步自己应该怎么做？遇到相同或类似的问题还可以怎么处理？孩子在学校与同学、老师发生冲突后回到家里，他最需要什么？除了自己的情绪被理解之外，他生气愤怒的潜台词是：“请告诉我，我还可以怎么办？”

显然，如果我们只是止步于接纳孩子的感受，是无法给孩子提供足够的帮助的。不管是父母还是老师，我们都需要明白，理解孩子的感受绝对不是目的，而是帮助孩子找到解决问题方法的基础。不理解、不共情，一是无法和孩子建立沟通关系，二是不能理解孩子所处的困难。但是如果我们仅仅把“理解”作为目的，会让我们陷入下一个困境。

首先，在理解孩子情绪的过程中通常父母采用的方法是询问，不断地确认孩子的感受，不断地提问他的情绪。这样，难免会陷入“啰唆”的循环。会让整个谈话变得冗长。

其次，过度的“共情”和“理解”容易让孩子分不清“情绪没有对错”和自己的“行为对错”的区别并缺乏判断。只限于“自己”的共情让孩子无法理解和体会别人的感受。

最后，情感释放结束以后，孩子应该怎么办？在每一次冲突中，孩子成长的需要是学会更好地处理问题。这个诉求显然在只有“共情”的谈话中无法得到满足。而孩子每次愤怒的潜台词都是：“到底我应该怎么做？”

所以，我们才会屡屡经历这样的循环：出现问题——释放情绪——得到理解——再次出现问题。孩子需要的进步和帮助仍然没有得到满足。父母也会觉得孩子没有进步，同样的问题反复出现。

我通常的做法是，共情是必需的，理解是必要的。但它仅仅占到20%，我会把更多的注意力放在如何帮助孩子找到解决的方法，以及理解对方的情绪。

孩子成长的过程需要完成从被理解到理解别人的转换。情绪没有被理解的孩子可能很难理解别人，而情绪总是被接纳和理解的孩子也许止步于被理解，进入自己必须“被理解”的认知。

在我心中有一个比较明确的分界线，上濒中大一些的孩子们都知道。在12岁以前，父母在和孩子的沟通中需要承担更大的责任，更主动地理解孩子的感受，但是随着孩子年龄的增长，孩子需要逐渐承担起主动责任去理解父母们的感受了。

我想，这些也是孩子成长和成熟的过程。这个世界上，没有任何一个人是在所有的环境中都能够充分被理解的，而父母需要帮助孩子的就是能够面对这个不以他自己为核心的世界。委屈、不被理解、误会，很多时候也是我们自己成长的过程。而作为父母，我们的情感，压力和痛苦也需要被理解，被孩子理解。只有这样的亲子关系才能和谐平衡。

孩子发生冲突时，安抚情绪很重要。但止步于“安抚情绪”和“理解感受”的做法对孩子解决问题能力的帮助显然不够。孩子在情绪被理解和安抚的过程中获得是面对已经发生事件的理解，但是下一次遇到同样事件，他应该怎么办，他可以怎么做呢？我们当然需要关注孩子们的情绪，但是孩子需要的帮助绝不仅仅是这些。事实是，大多数的我们走到“情绪”这一步就筋疲力尽，或者认为已经大功告成了。原因在于我们把“共情”当成了终点。

如果有时间，也可以观察下我们周围的人，有一类永远唯唯诺诺，不敢做什么，不敢表达什么，总是蜷缩在角落；有一类永远认为自己是对的，任何人都需要来理解自己，不会站在别人角度考虑问题；有一类可以进行很好的情感接纳和表达，不会积蓄负面情绪，但是却一直在释放情绪，缺乏实际解决问题的能力；有一类是可以接纳别人的情感，也能表达自己的情感，最重要的是可以解决问题，冲出重围。

这些都是真实的存在，我们希望自己是哪一类，又喜欢和哪一类人交朋友呢？

这些表现正在对应着我们各自的成长之路。

当我们在共情中感受孩子的同时，也投入了自己，忘记了孩子真正需要的不仅是理解。哭过、笑过、拥抱过之后，他们需要的是用更好的方法来解决问题，面对世界。

做到共情实属不易，但共情绝不意味着是句号。

很多时候，因为我们忽略了和孩子一起找到解决方法，就把所有的精力都耗在“共情和感受上”。我们需要克制住自己的情感，就需要时刻用目标来提醒自己。

一个4岁的孩子，平时对他的爸爸经常有很不礼貌的行为，比如，打、拍、吐口水、说脏话。但是他对别人都有礼貌，在幼儿园也能很好地与小朋友相处。观察下来有2个原因：一是爸爸平时陪伴很少，孩子选择用这样的方式想要吸引爸爸的关注；二是爸爸在家里经常被其他家庭成员指责，在孩子选择用这样的方式对待爸爸的时候，其他成员都没有明确地表示自己的态度，让孩子知道自己的行为不对。

如果孩子面对不同的人有不同的反应，那就说明他对自己的行为是有辨识的。这个孩子显然具备好好说话，与人相处的能力，但同时他也会有和爸爸相处的渴望。想要解决这个问题，就不可能是某一个方法，而需要 GMCC 的整体方案。

首先，我们需要确认孩子成长的目标，其次，就是方法的设计，接着就是具体的执行，最后一定要有总结。

行为是有惯性的，4 岁的孩子自然也会有这样的惯性。孩子面对爸爸的行为惯性表露出来了，这个时候需要爸爸表明态度，需要爸爸明确地告诉孩子“你打人是错误的”。

在过往经历中，孩子一直处于被纵容的状态，他不知道自己对爸爸的行为是错误的，所以当爸爸要给他表明态度的时候，他难以接受。而爸爸也很难做到，因为孩子哭了，那么小的一个孩子，哭声阵阵，确实让人心疼。这个时候，孩子的需求是“你不能说我错了，我是对的，我要按照原来的做法来”。爸爸的需求是“孩子别哭，我心疼；孩子你要知道自己这样做是错的”。这个孩子成长的需求是，他需要知道这个行为是错的。

在我们冷静的时候，肯定知道需要满足孩子成长的需要，他需要知道自己是错的。但是往往会被哭闹声、眼泪，孩子各种求安慰求拥抱弄得心烦意乱，如果周围还有别人，也会在意他人的眼光，担心别人指责自己“太狠心，让孩子哭”。

这个时候，爸爸可能心软，这种心软也许是怜惜，也许是顾忌旁人的眼光，此时，如果没有成长的需求这个目标的指引和坚定，可能很快抱着孩子，说“好，我们不哭了”。当这句话一出口，意味着什么？孩子的哭可以解决他面临的任何问题，用哭都可以解决。这个时候，这个爸爸需要做的是面对孩子，再次说明：“你打我是错的。”然后等待孩子停止哭泣，说明道理，表达对孩子的信任，然后拥抱。

为什么不能先拥抱呢？因为一旦开始最深层次的身体接触，对于爸爸还能表达自己的态度，就很难了。我有过亲身经历，当孩子软软地靠在你身上，好闻的味道，弱弱的哭声，我真的是什么都妥协了。

孩子需要正式地接收到我们的态度。当他停止哭泣，冷静了，发现通过“哭”来要求别人是无用的时候，他才会真正地听进去来自爸爸的态度。爸爸清楚地说明道理之后，表达对孩子的信任，然后拥抱。这一切都在尝试让“情”的影响脱离，而真正让孩子和父母都能理性地看待同一件事。

说起来容易，做起来真的很难。因为“情”，孩子年龄越小，越容易让我们产生这样的情感联结。要走出这个“情”的问题，确实需要拥有比较高级的水平。所以，只有当目标确认能够引领我们，才能让我们走出情困。

目标就是孩子的成长，这个“情”不是不表达，而是表达的方式和时机。

想起一句话，“菩萨心肠，霹雳手段”，也许就是在这个时候最好的一个描述吧。

2008 年，我和孩子们在巴黎罗浮宫结束了两天的参观，第二天下午 5 点离开罗浮宫，需要步行到晚餐地点。我们每个人都很累，30 分钟的步行距离确实不算轻松，但这是孩子们的决定，因为他们想绕着塞纳河走走。走了没多久，当年 11 岁的雨欣突然不走了，她说累，然后就停在路边。几个孩子鼓励她坚持，但是她还是脾气上来了，一屁股坐在地上。我让孩子们回到自己的队伍中，我陪着她坐在路边，什么都不说。10 分钟以后，她站了起来，默默往前走。到了餐厅，她拒绝吃饭，还在耍脾气。

晚上，我们回到青年旅舍，雨欣忍不住饿了，来找我说想吃东西，各种认错，说今天自己情绪不好，身体太累，所以才会发火，才会不吃晚饭。她告诉我的目的是想让我陪她出去买食物，因为我们要求离开入住地都需要和老师同行。

这个要求被我拒绝了。我需要让雨欣知道因为她自己赌气选择了没有吃饭，她必须承担这个结果。如果她的乱发脾气没有带来任何损失和影响，她下次遇到同样的情况还是会选择这样做。对于其他孩子来说，如果看到一个违反规定的行为还能获得特殊的待遇买零食，那么，又让他们怎么看待自己遵守规则的良好态度呢？

对于我来说，每一次的严厉背后都需要克制，不允许雨欣外出买吃的不是为了让她饿着，也不是我不心疼，而是让她知道自己的任性带来的后果她需要承担。相比心疼来说，让雨欣通过这件事能够学会理智地面对自己的情绪要重要得多。

除了“情”以外，“急”也是我们在用 GMCC 系统解决方案中最难克服的。

我们着急想要解决问题，我们着急解决之后去做别的事。

所以，我们会忽略里面一些重要的环节，比如，观察，我们可能忽略物理环境；沟通，可能我们会忘记说出自己的感受；总结，我们忘记梳理整件事我们的感受和带来的启发。这些因为“急”而忽略的内容往往会让我们看不到效果，或者是没有长期效果。最重要的是，我们的大脑思考没有打开，我们的行为还有局限，父母的成长也不够。

我们需要一步一个脚印地慢慢来。

第5章

成长教育的“器”

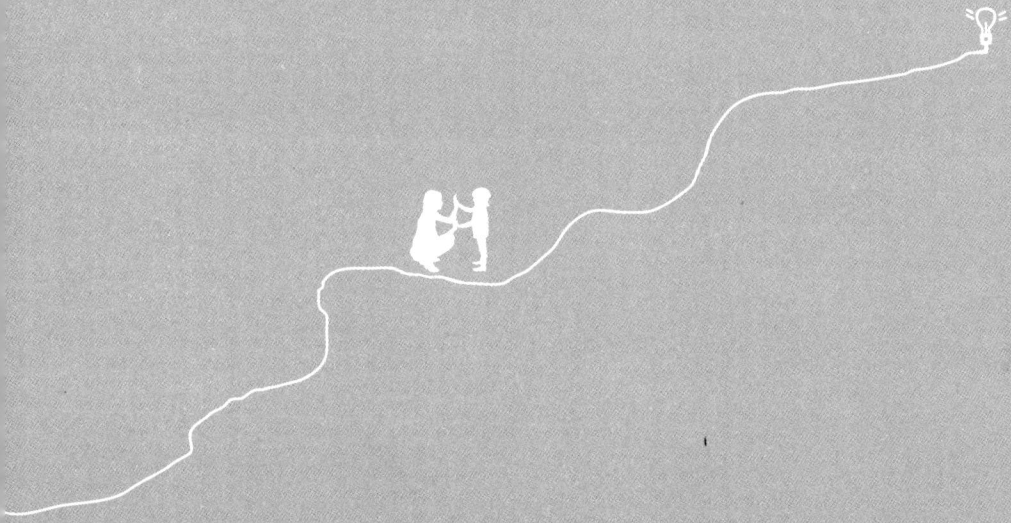

成长教育的第四个层次是“器”，是载体，是承载“道”“法”“术”的一切载体。它包括讲座、书籍、课程、教具、体育用品、玩具、纸张等。

第1节　什么是成长教育的“器”

器，是有形的，是看得见的，是不断发展的，是变化的。器，是我们可以看得见、摸得着的所有承载了无形有形内容的载体。比如，我正在写的文字，电脑，是我思想的载体；印刷出来成书，书就是载体，是器，如果把这些系统方案、方法做成卡片，那么卡片就是器。我们用货币购买的实际存在的工具，就是“器”。时代的发展，科技的进步，最大的体现就是“器”的体现。

古人把书信写在竹简上，竹简是器；纸张出现以后，在纸上写信，纸是器； 电话发明以后，用电话来沟通信息，电话是器；互联网出现以后，用电子邮件，电子邮件是器；现在用“微信”，微信是器。

科技的发展最重要的就是在“器”的作用。互联网让教育变得公平，可以突破时间和空间的限制，并且可以让这样能够规模化的产品拥有价格优势，让我们在有网络的地方就能学习。未来，我想象不到还会发明什么快速工具，能够更快地沟通。比如现在，特别想要一个工具，能即时把我脑海里所想，立刻变成文字。我就不用一个字一个字地敲打出来。

商场里卖的玩具，如果能够提升孩子的创造力、动手能力和认知水平，就是能够把教育理论具体化的“器”。不同的器，承载了不同的价值。父母作为购买者，会怎么挑选器呢？实际上也反映了我们不同的教育价值观和消费观。

在讲述观察与分析技术（OAT）时，提到了3种环境，物理环境、人文环境和心理环境。

我们用钱能够立刻改变的是物理环境，比如，给孩子买一个好用的书包，给孩子买本书。我们需要用心努力建设的是自己（父母、教育者）与孩子之间的人文环境，需要3种角色的配合。对我们有最深刻影响但是却最难看见的就是心理环境。

所有的一切都是通过人去创造的，当我们花钱去买玩具、书、衣服的时候，我们应该看到最好的器就是人，就是掌握了好的教育理念，教育方法的人。

我去过很多家庭，孩子们拥有非常多的玩具。玩具越多的孩子，反而父母陪伴的时间越少，因为父母会不断地用玩具来填满孩子需要陪伴的时间。如果父母能和孩子们玩，我想这才是孩子们最喜欢的玩具。我们稍微花点时间学习成长规律，动动脑子，也许一副积木就可以发挥着10种作用。积木是家里最常备的玩具了，基础搭积木的功能大家都知道。除了这个以外，我们可以做些什么呢？

1. 孩子搭积木 = 动手能力

可以自己搭积木，通过自己想象完成。

2. 用有限的积木完成搭建 = 独立思考、动手能力

给到孩子有限的资源，让他设计出房子。

3. 用积木表达一个故事 = 独立思考、创造力、沟通表达

用积木搭建出不同的物品，并且可以创造出一个故事。

4. 用积木认形状 = 认知能力

认识积木的各种形状。

5. 积木的材质 = 感知觉

通过触摸积木的材质，提升感知觉的能力。

6. 积木和颜色的匹配 = 认知、独立思考、创造力

搭建过程中，可以要求只能使用某一种或者某几种颜色的积木。

7. 按照要求完成合作 = 独立思考、创造力、团队合作

和父母一起玩积木合作游戏，每个人轮流使用一个积木，最后完成作品。

8. 积木上画画 = 独立思考、沟通表达、创造力

可以变成主题积木，在积木上画动物，变成“动物园”主题，画花草，变成“植物”主题。

9. 剪贴画积木 = 独立思考、沟通表达、创造力

把自己喜欢的剪贴画贴在积木上，可以变成故事，也可以形成主题。

10. 家庭纪念版积木 = 独立思考、创造力、沟通表达、团队合作、归属感

把家庭成员的照片贴在积木上，将其变成属于家庭的永远纪念。

如果我们能够掌握这样的内容，父母和教育者能够让自己成为更好的“器”，对玩具的利用率就提升很多。

第 2 节　教育者是最好的“器”

教育者也是最好的“器”，自己是最好的教材。

2017 年的夏天，我以总顾问的身份和孩子们在北欧游历 20 天，这也是玲玲，我们的总指挥，第一次带领 40 个青春期的孩子进行社会实践。

成长模型是我们策划和执行的基础，所以对于青春期的孩子来说，我们策划了大量的让他们能够实现自我价值和独立思考的机会，我们一直强调解决问题的时候没有唯一答案，孩子们在一个安全开放的空间里可以质疑可以挑战。这些内核对老师的要求非常高，需要在做每一个判断时考虑周全，更需要能够面对孩子的挑战。

在斯德哥尔摩的最后一天，5个小队在一个当地菜市场完成了一个竞争类任务，就是用同样的经费在菜市场里买到：最贵的、最大的、最美的、最贵和最小的，5种食物。通过他们的展示，最后由7个老师进行投票评出最佳团队。

比赛进行到最后一轮达到了白热化程度，坦白说，我们每个老师对于投票也非常谨慎，可是结果就是有两个队分别获得了3票。就在那一瞬间，玲玲让两队通过石头剪刀布的方式来决定胜负，获胜的一方获得此轮加分。

一个队的代表正要上去猜拳，结果就被该队一个队员拦下，说：“我们弃权，因为这个方式不公平。”

这一句话说完全场陷入安静。

玲玲一脸镇定，询问：“你们确认弃权？”

孩子说：“对的，因为你的判罚不公平，我们不服，所以弃权。”

玲玲回答：“好的，你们队弃权。另外一队获胜。”

当天晚上回到驻地，孩子们就来找玲玲，继续进行投诉。表达了很多情感和理由，理性和感性都表达了。第二天出发前，玲玲召集了一次晨会。给了弃权的营队一次当众表达的机会。

他们这样表达：

“首先，在比赛的过程中我们全力以赴地准备。其次，我们希望判断胜负的结果是公平，这也是上濒一直教给我们的，但是把我们的努力放在一个概率事件上，我不认为是一个聪明的做法。所以我们要求这个比赛结果作废。”

15岁的大男孩说话掷地有声，我在旁边也有点紧张。试想任何一个总指挥面对这样的局面都会慌张，这种压力是在现场的每一个人都可以感受到的，每个人都只听见了呼吸声。

玲玲清了清嗓子说：“嗯，这是一个非常好的问题。我必须承认，昨天的这个判罚方式草率了。我承认使用了不够严谨的方式，我给所有人道歉。我确实没有在判罚的时候做到尊重所有团队的付出，请大家给我时间去找到一个更好的方法。”

玲玲看了一下大家问：“我想问，在你昨天给我提出来弃权的时候，你征求你的团队意见了吗？”

“我，我没有，但是我的团队是同意的。”

“其实，并没有，你是在我一宣布就提出来弃赛。你的这个决定是你的想法，你不能代表你的营队，或者我们也可以这样理解。你也没有能够做到尊重他们，如果他们当中有人不想弃赛呢？如果他们能找到更好的解决方法呢？只是你也没有给到他们机会。就算你说了以后，他们也同意了你的想法，但是先后顺序上是不是也应该调整？”

孩子们没有说话，弃赛的队伍的孩子互相看了看彼此，点头表示赞同。

玲玲的表情放松下来，笑了：“这就是上濒的营地，我们犯错了，就认，去改。但我们也绝对不会因为我们的失误就不敢指出你们的错。这样我们才能向彼此学习。好的，接下来我开始宣布今天的内容。”

这是营地的第五天，在接下来的15天中，孩子们又不断挑战规则的严谨性，提出质疑，然后接受玲玲的回复。每天晚上，玲玲都在调整心态，不断地总结与思考。作为总指挥，她有什么地方做得不够严谨，但是又有哪些地方是孩子们在钻空子。

坦白说，这个过程相当地煎熬。但是营地结束的时候，孩子们告诉我，他们完全接受了玲玲，因为玲玲进步了，因为她是开放的，做到了真正的平等，也同样对于她认为正确的事，非常坚持毫不让步。

我想，他们赞扬玲玲的地方，也是他们在玲玲身上学到的地方。这个北师大心理学专业的研究生，这个在上濒工作了3年的才华横溢的老师，经历了这样的挑战，她自身对待问题的开放和理性的思考，让她成为了孩子们非常好的教材，也就是“器”。

设想，如果她因为面子坚持原判，没有认真思考如何让自己更严谨，那么有可能因为她的身份会让营地活动顺利进行下去，但是会失去孩子们的尊重，更重要的是，孩子们学到的就是如果我在团队内的身份最高，我是可以任意判罚，可以不改正错误的。如果她没有敏锐地观察孩子，对他们每一次提问都仔细思考，她也没办法帮助孩子去修补思维的漏洞，去体会别人的感受。所谓教学相长，就是这个道理。

上濒所有的教育内容都与成长教育的“道”一致。每个教育内容都强调科学的成长规律，每个教育项目都有多元化的成长目标，都关注孩子、父母和教育者的合作，并且都会了解孩子在学校和家庭中的情况。上濒建立的就是孩子、父母和教育者积极合作的生态圈。

2002年我回到北京，开始从一个专业的角度来观察现阶段中国的教育。2003年3月，在经历了一段时间的社会调查与专业研究之后，我成立了上濒教育，从孩子成长的角度入手来撬开这个过度依赖学校教育的封闭的圈子。

第一步：我观察了孩子成长的需求，在已有的教育方式中有哪些没有得到满足。

因为上濒是社会教育机构，我们能够用的时间资源是孩子未参与学校活动的时间，所以营地和周末课程成为我们可以使用的资源。“主题营地”是上濒一直使用的概念，因为每个主题就是扩展孩子在某一个方面的知识领域，而执行营地的教学方式就是在能力上帮助孩子有所收获。

2003年到2017年，上濒的营地分成了驻地营（在一个固定的场所进行的营地）、游走营（在某一个城市进行的营地），社会实践营地（在不同国家进行的营地）、少年常青藤（以学校组织形式为基础的营地）。到目前为止，上濒自主研发和执行的营地一共88期，营员不仅来自全国各地，还有每年专门从美国、加拿大、新加坡、澳大利亚、德国回来加入我们的孩子。

上濒面对孩子的系统课程一共5年，包含两个主要内容：世界通识课程与活书阅读课程，主要通过系统的学习帮助孩子更多地了解世界，并且在了解世界的过程中提高学习力、社会能力和创造力。

在过去的15年中，上濒一共和3081个孩子以及他们的家庭共同成长。

第二步：围绕孩子的成长，帮助父母成长。

成长教育认为家庭教育是个人成长的核心，任何脱离父母合作的教育都不能给孩子成长提供一个更好的环境。

当成长教育在帮助孩子成长获得效果之后，我们对这些理念方法进行总结，并且通过更多的了解和实践去思考父母在自我成长的道路上需要哪些帮助。我们以教育者的角色帮助孩子成长，父母在家庭教育中可以怎么做呢？如同孩子的营地和课程，针对父母的成长，我也做了大量的工作与研究。上濒的家庭是我们能够紧密接触的群体，但是样本数量还不够广泛，类别太集中。于是我开启了在全国范围内的走访，通过《超级育儿师》这个节目深入到不同地区、不同文化、不同社会背景的家庭，理解他们的感受和渴望，分析他们的困难和期待。一路下来，感叹良多：父母渴望提高，但是时间有限，压力很大，到底可以怎么做呢？

2012 年，上濒开始了帮助父母提高的主题课程，2015 年开始，用 1 年的时间和“父母共同成长”的系统课程也开始启动。2017 年，“兰海说成长”App 正式上线运营，我们借助互联网技术和视频方式帮助全国各地的父母学习更多的育儿知识和方法。

第三步：教育者培训体系。

从上濒成立的第一天起，教育者培训就是我们非常重要的内容，教育基础培训，针对不同教育项目的专业培训。用同样的成长模型来要求教育者，让教育者教孩子的，也是教育者自己能做到的。这是上濒一直秉承的态度。在未来的几年中，我希望能够把上濒的教育者培训体系分享给更多的教育者。

2002 年带着毕业论文研究的“环境对个人成长”的课题，我回到国内，想寻找一个教育机构能让我学以致用，让我研究的内容用于实践。

在去国外读书之前，我就很坚定会回到国内的愿望，随着学习的深入，越来越深刻地体会到教育是扎根在一种文化发展的内容，既要为民族找到未来的发展之路，又要有传统文化的传承。企业家们一直在说，人是根本，那么企业的人从哪里来？从社会上来？从学校而来。

一个国家，一个民族的未来掌握在谁的手里，也是人的手里。这些人从哪里来？

每个人都来自于一个个的家庭，千千万万个家庭组成了社会。所以，当年教授要求我在学习教育学和心理学的同时，还必须研究社会学，确实是一个非常明智的决定。直到 17 年后的今天，我也庆幸当年没有短视地回避社会学的学习。

但是，我脑海里的想法怎么才能被接纳，我怎么才能有完全的主动权来开展我的教育实践呢？我找不到可以支持我的机构，那么我就自己创造一个机构吧，于是有了上濒教育，这个成立于 2003 年的机构到今天已经 15 岁了。从最早的那个只有 3 个人的小团体，变成了一个将近百人的结构完整的机构，但我们也才刚刚起步。

我们成长教育的思想，也从最开始的一个点，慢慢变成了一个系统的教育思想和执行体系，经过15年的实践，我们不断地得到了印证。

上濒教育承载的教育内容能够为中国的社会教育提供一种发展方向和可能，能够为迷茫的中国家庭提供一种解决方案，能够为中国教育者提供一个可以施展才华的地方。

相比很多机构的快速发展，上濒走的是一条深度发展的道路。到2018年，上濒70人团队只服务了3081个家庭，因为上濒并不是简单地在完成执行，而是通过实践各种教育项目在不断理解中国的父母、孩子以及目前中国的教育现状。因为成长教育关注的不只是孩子，还有父母，他们是长大后的孩子，也不仅仅关注孩子在某一个年龄的某一个方面，而是全人。所以，我们用15年跟踪观察在上濒成长的孩子，他们最早的7岁进入上濒，现在，有的在大学就读、有的已经工作、结婚。

我们从孩子们现在的生活状态去回溯和调整上濒的各种项目，这些都是我们在过去15年的财富，也正是因为这样对中国家庭的深入了解，才能让我们在今天，有理由为中国教育做更多。

器，是看得见摸得着的东西。好的器，一定是在道、法、术上是一致的：需要关注孩子、父母、教育者三者之间的合作关系，需要创新，需要大量实践的积累，更重要的是，需要说得到，做得到。

我希望，不仅仅是上濒，还有更多的家庭，更多的教育机构能够使用成长教育理论体系和方法，能够把成长教育作为自己的“重器”。

第6章

写给你们的，也是写给我的

第1节　给父母

感谢所有的父母，因为你们，才能有这个世界上生生不息的生命，才有如此丰富鲜活的我们。

生命是轻盈的，让我们拥有无限的可能，拥有探索每一寸土地的可能性。

生命是厚重的，让我们必须要面对各种羁绊，各种琐碎，各种烦琐。

生命是充满希望的，让我们可以看到希望，这些希望需要我们的改变。

~ 父母需要向未来学习 ~

朋友问我一个问题：“中国孩子缺什么？”

我没有回答这个问题，朋友又发来一张标语性的图片，上面赫然写着“中国孩子缺自信心，缺乏团队协作能力，缺乏创造力，缺乏知识整合能力，缺乏领导力，缺乏全球化视野”。

我笑了，因为这些不仅是中国孩子缺乏的，应该说是全世界孩子都应该努力的方向。而我们应该思考的是为什么中国孩子会缺乏这个。这是由于父母缺乏远见或者学校的教学理念和方法过于落后，造成孩子发展受到局限。可是为什么会缺乏有远见的父母呢？

每一个父母也都是从孩子慢慢地长大，我们也知道自己的心理感受和快乐与否。我相信每一个成年人都记得小时候因为什么兴奋又为何苦恼。可是人生的经历塑造了每个人对待生活的看法，这其中自然也包括教育。

一个因为身处名校而获得成功机会的人会自然地把自己的成就归于学校学习；一个有着真才实学却因为关系不济而命运坎坷的人会总结关系的作用比自己的能力重要；一个本来认为依靠自己的努力可以买房的人面对飞涨的房价只能认为自己原本的想法是幼稚的，所以一旦出现购房机会还是不断地会去购买，因为残酷的现实告诉大家只有“投机”才是让自己获得财富的有效途径。设想一个被不公平伤害过或者在不公平中获益的成年人会如何看待孩子成长中的“公平”问题。

这个时代的人都是分裂的，我们一方面痛恨潜规则，一方面努力让自己成为潜规则的获益者。现实让每个成年人在面对孩子教育时出现了某种程度的分裂。

我们是否还相信世界能变得更好？是否还希望我们的孩子，或者孩子的孩子会生活在一个安全的公平的社会？

要摆脱自己的经历看到最爱的人的成长是一件极其困难的事，因为延续着一种思维惯性，一种莫名的延续联想。我们所有的害怕都会因为爱而变成一种恐惧，这样的恐惧带来巨大的心理危机，反映在行为上便是主观地让孩子做那些我们本来不愿意和排斥的事。

从自己的成功或者失败的人生经历中看到更远的世界，触摸并珍视作为个人的本能需要和追求是一件极其困难的事，但是抽离出来却是在我们理智的时候需要做的选择。

所以，并不是中国孩子缺乏什么，而是中国成年人缺乏什么，我们的社会缺乏什么。

前不久因为要和孩子们去德国、奥地利游学的缘故，由于我们活动内容的特殊性需要与很多世界知名机构进行沟通，确认是否能满足我们的需要。这其中无论是世界最大的科技博物馆——德意志博物馆，或是建立于1558年的慕尼黑巴伐利亚州立图书馆，还是闻名于世界的维也纳金色大厅都在24小时内给我回复邮件，不仅欢迎我们到访，还主动提供帮助和多种解决问题的方法。处理当天行程安排，我和慕尼黑巴伐利亚州立图书馆的工作人员往来邮件4封，并且已经确认在8月为孩子们做指导的讲解员是慕尼黑大学的人类学博士，他已经在询问孩子们的情况、年龄和英语水平。

这样的体验让我感受很好，我觉得自己受到尊重，自己的求助有回应，而且权威不是高高在上而是平易近人的。所以，回到最开始的提问“中国的孩子缺乏什么”。

中国的孩子缺乏能够不断学习的父母，能够摆脱固有思维惯性成长起来的成年人，需要更多愿意向未来学习的成年人。

从2008年开始，我在上濒开始实践一个新的教育项目——少年常青藤。

“少年常青藤”是上濒一个以校园为背景的活动，在长达18天的生活中，孩子们需要完全以自己为核心来设计时间表，达到学习、社会服务和体育运动3个方面的要求。

作为以培养孩子的“自主学习”能力为核心目的的教育项目，我们从报名就开始设计了“自主”的元素。

“少年常青藤”从上线第一天就遇到了很多问题，其中最集中的就是父母们“忽视”了报名程序的重要性。孩子需要在网站上填写报名表，自己完成500~800字的《入学申请》，根据自己的兴趣选择“少年常青藤”的3种类别的课程。

接着我们对每一份《入学申请》进行详细审核，并把不符合要求的申请附上修改意见后，让孩子们重新再做，重新提交，直到达到要求。

所有这些都完成了，才会给孩子们发放入学通知。

其实，这一切并不是上濒独创的。国外的学校都在使用这样的流程来完成招生的报名工作，这个流程要达到的一个目的，就是从报名开始，孩子就作为一个独立的个体，让他感受到需要对自己负责。对自己负责，这是独立的开始，也是学习“自主”的最佳时期。

所以，从报名开始孩子就拥有了独立的机会。孩子们可以在数十种课程中根据自己的兴趣选择。写《入学申请》不仅强调了孩子的主动性，更重要的是让他有一个认知自我和正式表达自己的想法的机会。

~ 成年人思维的障碍 ~

在报名的过程中，以下几种现象比较明显。

1. 父母的独立性不强。虽然网站上对项目内容、如何报名、申请写得很清楚，但还是有大量的父母会打电话来询问，而我们能给予的回答，其实和网上能看到的是一样的。当然我们非常乐意给父母解释，但同时也希望父母有机会独立思考。如同我们经常教育孩子，凡事不要张口就问，而要自己先思考。事实上，国外任何一所学校的网上报名和申请的复杂程度要远远高于“少年常青藤”。

2. 成人习惯于代替孩子做选择。了解报名流程之后，对于课程的选择，父母更多地倾向于自己做决定，而缺少和孩子讨论，让他们做主的环节。对于500~800字申请论文的环节，没有意识到让孩子认真思考完成文章是帮助孩子进行自我认知的机会，也是创造自我价值被认可的机会。

3. 父母会认为流程太麻烦。有些父母直接忽略了申请环节，认为电话报名即可，其他的就是走走形式。只要我缴纳报名费，就一定能被录取。我们向父母解释，每一份《入学申请》都会被严格审核，不符合条件的会让孩子不断地修改。这对孩子来说是一个重要的学习机会，而不是一个简单的报名。

我们渴望孩子拥有自主学习的能力，但却亲手扔掉让孩子能够“自主”的机会。我们渴望孩子社交能力提高，但却天天把孩子关在房间里学习。

我们这一代父母的意识已经在觉醒，但遗憾的是我们渴望为孩子提供A，但我们自己的成长经历却是B。这就要求父母们进行一次崭新的学习，这将无比困难，因为我们毫无经验可循。但如果我们做好，就成就了我们的孩子的成长，以后当我们的孩子成为父母的时候，他的经验就会成为他的孩子们的财富。

在我看来，拼爹拼妈不是在拼“经济条件”和“社会地位”，如果我们的意识没有改变，思维没有突破，经济条件和社会地位反而可能铸成大错。拼爹拼妈，拼的是啥？这是时代对我们提出来的新挑战，也是“拼”出父母潜能的绝好机会。

只盯着自己成长经历的父母永远无法给要创造未来的孩子成长的机会。

~ 父母需要慢慢地丰富自己 ~

“兰海，你知道吗？她从来不关心世界上的大事，她不阅读。”

“她应该是看报纸的吧，而且她和我们谈很多艺术方面的内容。”

“看报纸？我告诉你，报纸上她永远只看衣服如何搭配，猫猫、狗狗的事。说艺术？她给你们说毕加索、谈莫奈，其实，她只是会说，她不懂欣赏，她只是假装知道。”

这是我和一个12岁男孩的对话，而孩子口中的“她”，是他的母亲。

在与他相处的10天中，他对自己母亲的评价一直是负面的，但是我还是能感受到他对母亲的爱，虽然他并不知道自己对母亲的感情是很深厚的。

孩子从什么时候开始评判父母？孩子从什么时候开始挑剔父母？孩子又从什么时候开始介意父母的表现？随着孩子的逐渐长大，他们开始评判父母的行为，挑剔父母的表现，并且会介意父母的言谈举止。这样的状态会在青春期达到高峰，然后又趋缓。

青春期的孩子对社会逐渐形成了自己的判断标准，他们内心渴望得到社会的尊重，表现出来是极其好面子，也会比以往更注意别人对自己的评价。

而此时父母们的行为，则被孩子们界定为自己的附属表现，当父母的行为特征不符合孩子的判断标准时，他们会因为丢脸而迁怒于父母，发生争吵，然后是冷战，最后极大可能造成不良关系。

孩子们希望父母在社会中获得尊重，希望他们举止得体，谈吐高雅；希望他们能跟上时代的脚步，他们希望父母符合自己对优秀的人的判断。上面提到的那个孩子会介意母亲在公众场合大声嚷嚷，麻烦别人，担心她会破坏规则。他希望母亲能阅读了解世界上的大事，能真正地理解艺术。实际上，孩子们更看重的是父母是否在积极地学习，想要积极地改变。

也就是说，孩子首先需要的是态度，然后才是进步。

这种感受实际上成年人也会有。

当孩子还小时，父母们会要求孩子不断地进步，希望孩子符合自己的评价标准，也会把孩子的行为看成是外界对自己的评价。此时，父母们最生气的是听到孩子们这样说：“我就这样了，我改不了。”而现在孩子们最不愿意听到的就是父母们说：“我们老了，已经成为习惯了，我们做不到。”

无论是父母，还是孩子，都需要的是对方的一种态度。实则是自我完善自我提升的一种状态。在孩子小时候，我们就能把学习作为家庭氛围中关键的成分，那么，孩子和我们难道还不能进步吗？

我相信每个父母都意识到孩子的到来改变着我们的生活，同时也是给了我们第二次生命，因为他们，我们开始学习很多新东西，掌握很多新本领，那就让这样的学习持久一些。

在我们要求孩子好学之时，我们就应该同样为之。因为，学习是一生的事，学习也不会局限于学校。我们经常看见家庭中父母和孩子的动作很一致，神情很一致，就连性格品性都很相同时，我们通常会说：“这是遗传。”

确实，这是孩子从成年人那里沿袭来的，但绝非是生理上的遗传，而是生活中相互的影响。因为“模仿”是孩子学习的第一步，而父母则是他们第一个模仿对象。所以，我们的笑声、举手投足的动作都被他们尽收眼里，逐一模仿。

对于成年人来说，我们有能力主动地构建自己的环境，我们可以选择愤世嫉俗或者乐观积极，可是对于孩子来说，特别是 6 岁之前的孩子，他们没有能力主动构建自己的世界，或者说，我们就是他的世界，我们构建了他的世界。

他们吃什么，喝什么，是我们选择的；他们睡在什么样的小床上，和谁生活在一个屋檐下，是我们决定的；他们上什么样的亲子班，阅读什么样的书籍，是我们挑选的；每天他感受到什么样的心情也是被我们所影响的。

我们就是他们的世界，而他们的成长则是我们的责任。我们有可能抛开自己的需要去构建利于孩子们成长的环境吗？

意大利经典电影《美丽人生》讲述了生活在意大利的一对犹太父子被送进纳粹集中营，父亲不忍年仅5岁的儿子饱受惊恐，利用自己丰富的想象谎称他们正身处一个游戏当中，必须接受集中营中种种规矩以换得分数赢取最后大奖。虽然孩子身处随时都可能发生危险的集中营，但是父亲的做法却让他的童年充满了快乐和爱，让他在年幼时获得了其他相同处境下的孩子无法拥有的正向力量。这就是父母为孩子构建的世界，外界的环境再恶劣，但有我们的爱在，就有产生正面能量的可能。

我经常用3句话来区分孩子成长的阶段，小时候孩子们会指着各种花花绿绿的东西问你："妈妈，这是什么？"稍大些的孩子会好奇地睁着大眼睛问："妈妈，为什么？"而青春期的孩子则昂着头质问："凭什么？"

我们需要在孩子们问"是什么"的阶段或者更早的阶段积攒我们的力量，让我们能在他们问"为什么"的时候减少尴尬，能在他们说出"凭什么”的时候平静地给予引导。

如果说小时候的孩子们一想到妈妈就是对物质生活的需要，那么长大中的孩子则逐渐地会从物质要求向精神要求转变。如果此时，我们还停留在只能提供“物质文明”的阶段，那就无法启发引导孩子们了。随着年龄的变化，孩子的模仿对象也会发生转变。从爸爸、妈妈变成老师或者同学，接着会是歌星、影星或者体育明星。虽然人物在变，但本质却一直保持一致。

有力量的人是能理解他们感受的人。他们迷茫时，能引导他们找到方向的人；他们无法抉择时，能帮助他们分析形势的人；他们遇到瓶颈时，能把他们往上提一把的人；他们钻牛角尖时，能把更大的世界带给他们的人。

我们是这样的人吗？我们还能成为这样的人吗？

如果没有孩子的出现，也许我们会被动地等着世界的改变。而如今，当这个小生命出现在我们的生活之中时，除了天降的责任以外，我们似乎还能触摸到新的机会，就是能成为这样的人的机会，因为，我们开始要对另外一个至爱的生命负责，这将是莫大的动力。

我们需要了解人类文明的发展、历史的变迁、时代的更替，这样才能为孩子提供内心归属感疑问的支点；我们需要深入思考人性的问题、法律的问题、道德的问题，这样才能在孩子成长中随时激发他的思考，建立价值观；我们需要学习拥有一个爱好，这样才能在孩子成长中传达对生活的热爱；我们需要学习体育运动，这样才能让孩子感染精神的力量；我们需要学会思考，这样才能让孩子懂得思考的价值；我们需要对这个世界敞开胸怀，这样才能让孩子内心是开放而好奇的；我们需要拥有更多的朋友，这样才能为孩子构建更加广阔的世界。

当孩子和同学发生冲突的时候，不问是非就找别人麻烦的父母教会了孩子专横跋扈，而客观处理的父母让孩子懂得理智处理问题；当孩子犯错的时候，替孩子隐瞒的父母教会了孩子权力可以压倒正义，而让孩子接受处罚的父母则让孩子体会规则。

天天谈论房子、车子、钱的父母帮助孩子修建了一条通向物质的人生之路，时时让孩子接触世界谈论创造未来的父母帮助孩子走向充满生机的人生旅途；成天抱怨、悲观的父母给了孩子灰色的眼睛，而充满希望乐观的父母让孩子全身洋溢着彩色的光芒。

这样做的父母并不是因为孩子发生矛盾冲突他才会这样做，而是在成年人的社会里这就是他的处世之方，这就是他对人生的判断，对世界的看法。

《易经》有云："形而上者谓之道，形而下者谓之器。"意为形而上的东西就是指道，即是指哲学方法；形而下则是指具体的，可以看得到的东西或者器物。我认为对人生的理解，对教育的理解，对人的理解最重要，方法其次。态度对了，方法可以有无穷多；态度错了，方法再多也无用。

当我们对了，对世界的看法对了，做人的态度对了，孩子也就对了。

大象无形，大音希声。而最有力量的教育则无痕。把自己做好，把自己丰富起来，就能在与孩子们相处的点点滴滴中，传递正向价值。

我们有多幸运？孩子还年幼，我们还有时间让自己更强大。

我们有多久没有在夜晚仰望星空，我们有多久没有因为新出的嫩芽而激动，我们有多久没有体会过学习的快乐和幸福？

~ 父母需要和学校建立合作关系：信任 ~

入行 15 年，作为一个体制外的教育者，作为老师这个职业角色，我更愿意和什么样的父母合作，而我最抗拒什么样的爸妈？

我最欢迎尊重老师“专业能力”的父母。每年我都会经历几次这样的对话：“你能让他上课多发言吗？”“你让他多担任角色吧？”“我认为他现在需要的是提高进度。”“这个太简单了，对他不适用。你需要提高难度。”

在这样的沟通方式中，父母在指挥我要怎么做一名老师，他是指挥官，而我是命令执行者。但每年我也会时刻经历这样的对话：“兰海，我最近发现他在家里注意力不集中，我们可以怎么做？”“他刚进入中学，有些不适应，我们能一起商量下可以怎么做吗？”

在这样的沟通中，我和父母是合作关系，我感受到的是尊重。父母需要和老师一起讨论孩子的成长，但是绝对不是指挥官。你看到的是自己孩子的某一面，而他需要在一个群体里成长。这个群体里有其他的孩子，每个人的成长是老师的目标。老师需要分解，根据孩子们的不同情况才能决定用什么样的方法。

其次，你给老师提的要求都是合理的吗？只有你的孩子需要吗？别的孩子难道是可以为了你的孩子而被忽视的吗？

最后，你的判断是正确的吗？如果孩子需要提高主动性和自信，那么上课发言就是有效的方法吗？

父母需要和老师一起达成孩子成长目标的共识，然后把方法和执行的自由交给老师，这样才能最大限度地激发老师的主动性。我欢迎父母提出建议、批评，但是我绝对抗拒“指手画脚”。也许你是IT行业的精英，是金融领域的翘楚，但是面对教育，我想，你还是需要尊重我们的专业能力。尊重老师说“真话”做“实事”的权利。想让老师对你说真话，就不要给老师“坦诚”的压力。

如果老师要考虑自己说的一段话，做的一件事，放出来的某一张相片会导致由质疑引发的各种猜测，那么老师就不再公开发表言论，不愿意做创新的事，不想多发一张相片。要让老师在自己的专业领域“敢”于尝试，这才是对孩子真正的价值。而这种“敢”来自于信任，信任老师尝试的初衷，信任老师有执行的能力。

在我们的意大利、法国之行，作为顾问的老师时不时地对孩子“放狠招”，每次都有非常好的效果。开会的时候，我们总是感慨：“敢这么狠，因为我们相信父母能理解为什么每天都只给5元作为经费，能理解这样的判罚对孩子的价值。”

如果我和父母之间没有信任，那可能就中规中矩地以“不出事”为唯一衡量标准，而孩子根本无法获得有价值的成长。因为怕孩子摔着、碰着出事故，父母告状，最后学校不让孩子课间操出教室只能在教室里待着，最后损失的是孩子，事故不出了，但是没有充分的休息、放松会影响上课质量，注意力不集中。力和反作用力，往往是相互的。

老师是一个残酷的社会角色，和医生一样，我们甚至不能把自己的情绪带入工作中，因为我们面对的是人，不是冷冰冰没有感情的物件。

我不能保证所有的老师都是认真负责的，但是不能因为有不负责任的老师就剥夺其他老师释放能量，而实际上被剥夺的是“孩子的成长”。

尊重老师的品格，不要妄图收买。我可以骄傲地说，我收礼物。在我看来，礼物是一种感情的表达，是相互的情感交流。我会开心地收孩子们从世界各地邮寄来的明信片，大肆炫耀；我会懊恼地收大孩子给我的“除皱霜”，我还会得意地戴上他们送我的项链、耳环，四处臭美。我也会送孩子们礼物，请他们吃饭，和父母们聚会。

但这些绝不是“收买”。如果通过送礼的方式来达到每种需要，对不起，这是对我的侮辱。我看到过很多家长一边私底下把老师骂得狗血喷头，一边要给老师送礼。这样扭曲的心理，你能和老师真诚地相处吗？

最后我还想说，体制内的老师一定比我承担着更多更复杂的压力。他们要面对的环境更艰难。相比他们，我是多么的胆小，胆小到我不知道进入那个圈子，面对那么强大的环境压力，我是否还能一如既往。

离开德国的时候，内波教授送我一句话：“优秀就是离自己的本性更远一点。”15 年了，我一直在体会这句话。每次，遇到让我抗拒的父母，我都在告诫自己离“本性的抗拒”远一点。而这种“远”，应该就是所谓“职业精神”的体现。

每一个教育者，也需要做到“尊重自己”，让自己有更强的专业能力，让自己更加勇敢，让我们更加有尊严地工作。

对孩子的老师好点，这个“好”是尊重，无他。

~ 父母学会选择 ~

世界上第一个学校出现之前，谁在负责孩子的成长？那时候，父母和其他家庭成员完全承担起教育孩子的责任，甚至那时候没有人知道“教育”这个词。随着教育组织机构的出现，父母在教育上有了帮手。但并不是所有的家庭都能选择学校来帮助自己，并且也不是所有的孩子都会被送到学校学习。家庭贫富，孩子的性别，所在地区是否有学校都决定了孩子是否能上学，孩子是否有学上。那么，这些没有办法上学的孩子就没有接受教育吗？

所以，学校是可以选择的，但是家庭承担的教育责任是无法回避的。几千年来，学校教育一直在变化，在发展，形式模式都产生着变化，而家庭结构一直趋于稳定。

随着学校的普及，越来越多的孩子能够进入学校学习。我国的九年义务教育也让未成年人进入学校教育的人数增多。学校的发展也越来越好，学校教育对于父母来说意义重大，但是这样的重大并不意味着父母可以退居二线。反而需要承担更多的责任，不是把孩子送到学校，自己就不管了，而是应该和学校保持合作互动，这也是成长教育的核心。

家庭环境对孩子的影响是最深最浓的，这就是一把双刃剑，好的影响也大，坏的影响也大。所以，近年来，家庭治疗法越来越多被大众关注，每个人也都在自己的心理和行为上寻找原生家庭的影子，很多研究者都强调了对创造力有普遍激励作用的环境的重要性。（Cropley,1992;Feldhusen & Treffinger,1986）家庭环境对于个体创造力的培养起着至关重要的作用。

父母首先需要认真地了解个体成长的科学规律，给孩子各阶段适当充分的营养；其次，父母创造更多的让孩子接触世界的机会，点滴的积累对于孩子的成长都有着不可估量的作用；最后，父母应该精心呵护孩子们的好奇心，正视他们的胆怯，我们需要善对孩子们的“为什么”，千万不要恼羞成怒；我们需要习惯问孩子“为什么”，这就是为他们创造了思考和表达的机会；我们需要接受孩子的想法和我们不同，这样才能激发他们的好奇和探索的兴趣。

父母除了在家里能够创造符合科学成长规律的教育环境，还有一个责任，就是选择。

如果做一个关于目前初二到高一的学生在周五晚上和周六是怎么安排的调查，应该绝大多数的孩子都在补课。

但是在上濒有这样的一群孩子，每周五晚上 6 点准时来上濒报到，和上濒的顾问及哈佛历史学访问学者一起做一个“论北京外来人口的古与今”的课题研究，和应试无关，与升学无关。项目要持续半年，目前进度过半。孩子们分成小组奔波在北京的大街小巷，有目标有计划地完成田野调查，老师们和他们一起分析采访录音，提高提问技巧。这样的3个月过去了，有一个孩子这样对妈妈说：“我觉得自己在做着一件特别有意义的事。”两次田野调查让他思考曾经是国家重点扶持的中关村高科技园区为何现在如此萧条；为什么如此多的为北京做出贡献的外来人不知道自己应该得到什么；国家政策是调控外来人口利益的杠杆吗？

我想，这个孩子已经不再仅仅只关心自己了。给他机会是父母当初在课题研究和补课之间做出的选择，让他从一个关心自己，关心自己成绩的优等生，逐渐开始关注社会变化，承担社会责任。

上濒的公众号发表了14岁的栋栋的文章《在一次次被撞翻中，我爱上了橄榄球》，曾经他在上濒的毕业论文里写道：“无论我们身处于童话或现实的世界，都在成长。环境的变化，旁人的影响，带来自我改变，这就是成长，我无法选择世界，但可以决定成长。”

在和橄榄球的接触中，不仅仅是栋栋，还有几十个7~16岁的孩子和我们一起在球场上奔跑、冲撞、跌倒、爬起来，再向前。在这项运动中每个人都学会了勇敢、协作和永不放弃，远远比成年人嘴上说的几个字有力量。这项运动有危险，就算我们做好了所有的防受伤装备，孩子在训练中骨折、脱臼、肌肉拉伤、撞伤等都会发生。

同样，给孩子们成长机会的是父母在运动和有可能受伤之间做的选择，让他们对于拼搏的理解不再是天空中飘过的字眼。父母对孩子的影响不仅是言行，还有更多的选择。这些选择最大限度地反映了父母的价值观，他们对世界的看法，对生活的态度，以及对生命的理解。确实，随着孩子的长大，父母对孩子的影响开始变小，有更多外界的影响力。

但是父母的一些选择很大程度上决定了孩子的圈子，进入奥数补习班，天天就在比拼分数，只能盯着分数。参与运动的孩子，在一次次团队碰撞中学会宽容理解；只学习应试知识的孩子，他的天空中只有符号和公式，哪怕他们对未知的世界有无限的渴望；通过更多方式接触世界的孩子，更会感受别人承担社会责任。有时候，分水岭就是这样产生了。

我参与《超级育儿师》4 年，这 4 年我奔波在全国的各种家庭类别中，无论是海归高知家庭，还是边远山区的家庭，无论是老夫少妻，还是单亲家庭。我都能清楚地看到家庭中每一个成年人对孩子的影响。

青春期孩子和父母之间的各种沟通问题，怨念之深已经达到顶端，需要我深呼吸才有勇气走进他受伤的内心。幼儿时期的孩子们通过自己的哭闹控制父母，他们言语中的威胁、眼神中的得意，只有被爱蒙蔽了眼睛的父母才会看不见，又有多少父母享受于被孩子的控制呢？

小时候孩子们学会控制家人，长大后是否会寻找控制别人的方法？这样的人生会是如何？幼儿时期的痛苦，长大之后需要多少时间平复（如果还能做到），又有多少幼儿时期的骄纵让成年后的孩子们面对生活只能痛苦不堪。

在“父母知道”的系统课中，我对学员们提问：“在青春期中你们最大的遗憾是什么？”

全场几十个人静默，慢慢地开始诉说，有的感谢父母对自己的鼓励支持，有的渴望父母的拥抱、理解，更多的是遗憾。每个人都眼圈红红的、潸然泪下，每个人都在今后的人生选择中受到这些因素的影响，有的在弥补，有的在回避，有的仍然在抗争，无一例外。

前段时间，我的美国朋友雷切尔发来一篇文章让我看，一位美国作家的观点是“父母对孩子的影响是有限的”。里面提到了，基因对人的性格影响，环境对孩子的影响比父母大。我短信回复：父母是孩子先天的环境，在孩子没有办法经济独立或做选择的时候，父母为他们选择了什么样的环境，什么样的学校，什么样的圈子及什么样的学习机会。一直以来，我们有很多的数据来对比分析，坦白说，对于人类这种复杂的情感生物来说，似乎用数字来衡量分析，显得很冰冷。

我也看并使用很多数据，但一直认为只能作为参考，标准化来评价人的情感和发展是非常局限的。我认为，教育属于社会学范畴，教育内容和发展反映了一个国家、一个民族的历史与社会背景。

中西方的社会背景不同，西方的孩子有更多的外部资源使用，更早地独立，相对来说，中国的孩子们就是一个个家庭的缩影，如果我们忽略了父母对孩子的影响，不是在回避责任，就是放弃孩子的成长。

父母需要接纳自己的不完美，因为我们解决不了所有的问题。父母是超人，是的。因为要面对很多不同的情况，职场上的发展，家庭的需求，照顾长辈，陪伴孩子，我们的时间真的需要计算才能把每一件事做好。但是超人也不是完美的，并不能解决所有的问题。

我们会因为疲劳，睡过了头，错过了给孩子做一顿早饭；

我们会因为克制不住自己的情绪，冲着孩子大吼大叫了；

我们会因为自己玩心太大，纵容孩子晚睡了；

我们会因为自己护犊子，没有理性地分析原因，只顾着维护自己的孩子；

我们会因为工作的不顺利，把火气撒在孩子身上；

……

我拥抱所有的父母和父母们的所有不如意，

因为，确实太难了。

我们要做到接纳孩子的情绪，

同样，我们也要做到接纳自己的情绪；

我们要帮助孩子表达自己的感受，

同样，我们也要做到表达自己的感受；

我们需要允许孩子犯错，

同样，我们也需要允许自己犯错；

我们希望孩子理性解决问题，

同样，我们也要做到理智面对生活的一切；

我们希望孩子面对生活充满热情，

同样，我们也要充满希望的能量；

我们希望孩子们学习，

同样，我们也要花费一样的时间；

自我教育是父母成长的唯一途径，

没有例外。

第2节　给教育者

我是一名教育工作者，专业学习和实践经验。我一直觉得自己很幸运，寻找了一份我喜欢还能做得不错的职业。

很多人问过我：怎么才能成为育儿师？因为参与真人秀《超级育儿师》的缘故，其实，育儿师只是我工作的很小一部分内容。

我们需要更多专业的教育者，在我看来，教育者从工作类型来说可以分成3类。

第一类：教育研究者。

研究者承担的是最基础的研究工作，通过田野调查、测评、数据分析和统计研究个体的发展，以及外部环境对于个人成长的影响。教育学、心理学最基础的内容都来自于研究者。

这类工作需要大胆假设，谨慎分析。研究者需要更多领域的背景，特别重要的是社会学背景。因为在不同社会背景和文化传承下，每个群体反映出来的状态有所区别，研究社会学还可以对未来做一些预测。

高水平的研究者一定不会是闭门造车，需要走进现实生活，更多的田野调查，用理论来对这些情况进行分析，重要的不仅仅是数据收集，而是数据分析。这些研究结果能被大众使用。研究者还需要大胆假设，提出新观点新理论，只有创新才能推进世界的进步。

第二类：教育研发者。

研发者是针对研究成果和目标人群的成长需求，研发出能够落地的教育产品。比如课程、营地、书籍、玩具、视频内容等。

创新能力和逻辑思维是优秀研发者的必备素质，研发者还需要有更开阔的知识领域，才能搭建系统和框架结构。

研发者一定需要有一线的实操经验，才能更深刻地理解孩子、父母和教育者的感受，他们的需求，以及三者要面对的问题。

研发者比研究者需要更靠近一线实践。

第三类：教育执行者。

教育执行者是实践者，面临着在真实教育环境中的各种挑战，也是面对情感冲突最多的角色。他们会直接面对来自父母的质疑或不信任，孩子的挑衅和消极；但同样也会收获最多的情感，父母的感激和支持，孩子的喜欢和期待。这个工作角色非常复杂，是一个最热闹的工作，因而更需要克制。

优秀的教育执行者需要具备研究的意识，随时记录下工作中的情况，这样能够不断地提升自己。

从工作内容方面，同样可以分成3个领域。

第一个领域：孩子成长领域。

这个领域是以孩子为核心，围绕孩子成长进行的研究、研发和具体教育项目。

第二个领域：父母成长，也是家庭教育领域。

这个领域是围绕父母的成长进行的研究、研发和具体教育项目。需要注意的是，如果想在帮助父母成长的领域有长期发展，就需要有在孩子成长领域的工作背景。父母成长的原因是指向孩子的成长，如果没有研究过孩子，就无法站在孩子成长的角度去帮助，这是非常重要的内容。

第三个领域：教育者成长。

这个领域是围绕教育者成长进行的研究，研发并制定出具体教育项目。教育者成长需要研究教育者群体的能力需求和现状，教育者所处的社会背景和文化传承，以及面临的挑战和感受。

越来越多的人关心教育，这是特别好的现象，但是也会让我们反思：教育的专业性如何保证？更多的人进入教育行业，会让门槛变得更低，还是会提高教育者的素养呢？

我们每个人都是一个经验丰富的学习者，做学生、做子女，我们每个人心中都会对教育者有一个想象，对父母有一种期待。于是，当我们自己有机会成为教育者或父母的时候，就会按照自己的设想来，我们期待着完成自己的那个设想。

但是仅仅靠这样的期待就能成为一个优秀的教育者吗？

答案：“不能。”

教育者的专业性体现在对于个体成长规律的了解，能够运用科学的方法完成教育内容。

经常有人问我一个问题：“一个领域的行业专家能成为一个好的教育专家吗？”

答案：“不一定。”

一个数学教授不一定能把一年级的数学课上好。行业专家的优势在于这个领域中知识信息的宽广和丰富，缺乏的是对不同年龄阶段孩子状况的认知，以及用什么样的方式可以让孩子更好地在知识领域或能力上有所提升。但是行业专家如果对这些科学内容有所学习和实践，确实有很大的潜能成为一个优秀的教育者。

~ 8 个字概括教育者良好的心态：急怯是浮，容诚信清 ~

教育者需要：不急，不怯，不是，不浮。

急，指的是一切急功近利的做法，为了追求效果违背科学成长规律的行为。

怯，指的是会因为自己的胆小，不敢坚持对的，或者面对父母的压力孩子的拒绝，对孩子成长的需求妥协了。这个要求在现实中很高、很难。

是，指的是自以为是。永远站在一个制高点，觉得自己是对的，取得小小成绩就骄傲，就开始指责别人，自以为了解一切。

浮，指的是浮躁，不能沉下心来学习，被表面的浮华迷惑，有的时候教育者们容易炫技，这就是浮。

~ 教育者还需要做到：宽容、真诚、信任、清净 ~

宽容，宽容地面对所有的不理解，有可能是孩子父母的误会，或是来自于孩子的不理解，如果你能受得住这样的委屈，才能在这条职业道路上不断精进。

真诚，真诚地面对自己、孩子、父母。我们会遇到一些特别艰难的选择，就是我们发现孩子的一个问题，但从父母的态度来说，他们应该很难接受这个事实，或者是不认为孩子是这样的，这个时候我们是要那个皆大欢喜的结局，还是要真诚地把自己的观察告诉父母呢？

如果想要的是皆大欢喜，那么是为了让自己不面对风波，并不是真正地爱孩子，所以真诚，也是对教育者的要求。

信任，信任孩子在正确的环境中一定会有变化，信任父母会成为我们的合作者，信任我们自己的努力一定会带来好的结果。

清净，教育者需要有一个清净的心态，让我们能够有长时间的独立思考，去总结去探索去创新。

2013年，一个厂家代表给我介绍他们的一款面对幼儿的学习机产品，我还没有看完具体操作，就直接告诉他们："孩子需要在互动中学习，父母是最好的互动者，这些上面的内容应该是父母教给他们，而不是机器。"

几个月之后，我到一个留守儿童的家庭，父母都在外地打工，家里只有老人陪伴。孩子的认知水平发展缓慢，没有建立基础的行为习惯。我花了很长时间希望通过老人来帮助孩子学习，结果发现非常困难进展缓慢，于是我开始亲自教孩子，几天下来孩子进步很大。在我离开之前，开始寻找一个可以帮助孩子持续学习的工具，绞尽脑汁之后，我居然能想到的最好的方式，就是那款被我瞧不起的学习机。

理论上，父母和孩子的互动是低幼孩子最佳的学习方式。但如果面对的是父母认知水平不高，或者无法有大量时间陪伴孩子的家庭，怎么办？我要那个完美的，却无法执行的方案，还是要这个能达到目的，但却不是最佳方案的学习机呢？

我要的是所谓的正确，还是家庭执行的有效呢？我考虑的是自己，还是别人？

我犯了一个极大的错误，自以为是。

或者说，我更爱惜自己的羽毛？担心被指责不考虑孩子和父母的互动，被批评不考虑孩子的感受，所以拒绝了所有的可能性。基础教育水平处于50分的家庭，给他们能做到的60分的目标和方法，也是有效的；如果我给了100分的方案，但是50分家庭不能理解和执行这些目标和方法，那么这样的100分实际是零分。

看上去高级的做法，却高高在上地脱离实际，其价值是零。我脸红了，我是如此地自以为是，却根本没有考虑执行者的感受。当我指责父母方法错误的时候，是否想过这是他们竭尽全力做到的最好呢？我在意的是自己，还是别人？

过去的几年，我走进了很多家庭，和他们在一起上千天的真实生活中，深深理解了每个人的不容易。上班工作8小时，挤公交往返2小时，筋疲力尽回到家，做完晚饭，看着写作业磨蹭的孩子，本能地一声吼要被深深地憋回来，说重了，担心自己不是好妈妈，不说吧，自己看着实在难受。好不容易把孩子弄上床，看看闹钟，自己还能睡6小时。

向我求助的父母都非常勇敢，他们要公开呈现自己的家庭，自己的担忧，他们在求助的同时可能就把自己置于公众之下，但是他们想要改变的渴望远远大于他们的害怕。他们要面对工作的强度，收入和想要给孩子提供最好的教育资源的差距，在狭小的空间里他们要面对哭闹的孩子，家庭成员的压力，老师们给的要求，还有像我这样的“外人”给予的严格的任务。有多少次，我都想跟他们说：“算了吧，爱谁谁了，就这样吧。”有多少次，我都想带着他们，推门而出，离开那个乱糟糟的家，彻底放松一下。

但是，他们没有。因为他们有爱，再难，他们也想改变，再苦，他们也在坚持。这些成年人，难道他们就不需要理解，不需要爱吗？这些爸爸妈妈，更值得珍惜。

我们这些教育者，做了吗？我们可能因为在网络上几个字就批评这些错误，我们大肆谴责不允许给孩子贴标签，我们却时刻在给父母贴标签；我们时刻提醒要允许孩子犯错，我们却不给父母犯错的可能；我们说不要追求完美的孩子，可我们又在用结果评价父母。

我们希望看到的是在鼓励中坚持学习的父母，还是被批评不敢抬头走路的父母？

父母，也是人。他们有情绪要宣泄，有感受要表达，有错误要犯，也有成功要庆祝。

我们能理解吗？

我们不断告诫自己：情绪没有对错，要接纳孩子的情绪，要共情。可是，我们只对孩子做了，把父母忘记了。父母，是和孩子一样有情感需求的成年人。

当这些带有“父母符号”的成年人在我面前哭泣的时候，我能给的是拥抱和支持，接着才是了解观察，找到有效可执行的解决问题的方法。只有当我们充分理解父母的感受情绪和能力之后，我们才能提供切实可行的帮助。

我把“正确、有效、有趣”作为评价教育内容的3个层次，我们需要保证方法的正确，在正确的基础上保证有效，最后是有趣。这3个层次是从下往上，正确代表我们的专业性，有效意味着我们真正理解和考虑执行者的情况，有趣则是更高级别的内容。最大的危险是为了哗众取宠的热闹放弃了方法的正确有效，最遗憾的是坚守了正确却没有办法延展出有效的做法。

批评指责是最容易的，几个字，几句话就能把别人批评得体无完肤，但是我们真正了解别人这样做的原因吗？专业则体现在解决问题。

“自以为是”阻碍了我们和孩子，和父母的联结；理解父母，并不意味着不批评，除了指出问题、错误以外，更重要的是提供解决问题的方法。记得一次，上濒顾问告诉我在工作中，她发现自己更容易理解孩子，对父母的理解显得吃力。我微笑着看着她。

“在我们的工作中，能够体察自己的情绪是一个非常重要的能力，承认自己的吃力，才是一个提高的开始。投入，然后抽离出来，这是一个境界，需要慢慢地练习。”

后记

2005年的一个周日，10岁的诺诺走进上濒的教室，把书往桌上一扔，大声地冲我说：“兰海，我妈妈是骗子，她说我们家是民主的，是人人平等的。根本就不是这么一回事！”

“哟，这是发生什么事了？”

“我昨天考试85分，我回到家，妈妈给我说，你要加油啊，下次考95分是你的目标，然后跟我说了一堆。哼！”

“根据你平时的实力，这个要求也是合理的啊。”我缓缓地说。

“我没有说这儿不合理，我说的是晚上我爸爸回来了，抱怨了什么工作上不如意啊，这个月的任务没有完成啊。结果你猜，我妈妈什么反应！我妈妈说，顺其自然吧，没关系，做不到就做不到了。你看！！这是不公平的，为什么不让我算了，不给我说没关系，不让我顺其自然！我家是伪民主！”诺诺气呼呼地说了一堆。

确实啊，这是一个好问题。

我还没想好怎么回答。

这个时候，13岁的大孩子过去了，摸了摸诺诺的头，悠悠地说：“我来告诉你吧，就是因为小的时候不努力，太顺其自然了，所以长大以后就不得不顺其自然。”

我在旁边，傻了。

我们每个人在成长的时候，在接近突破点的时候，都是筋疲力尽的时候，我们是放弃呢，还是坚持？我们要顺应自己的感受，还是应该更好地要求自己呢？或者是当我们到了面对结果无能为力的时候，才会安慰自己，就这样算了吧。

这是我们都在面对的问题，前进、暂停还是后退。

我有 3 年的时间处于“暂停”状态，因为举棋不定。

上濒是保持小而美的现状，还是要发展规模？我一直没有决定。小而美，我和团队都可以过得很舒服，有稳定的生源，和谐的合作关系，美誉度很高，不用担心管理的问题，不用担心需要拓展更大市场的问题，可以说，一切都没有问题。

但是我心里总觉得怪怪的，但又说不上来是什么。

直到 2016 年的冬天，我去看橄榄球队的冬训比赛，两支队伍分别取名为“上濒 SNG”和“知春路小霸王”。我来到球场边上，远处的孩子激动地和我打招呼，大声喊道:“大霸王来了，知春路的大霸王来了。”

我一边走一边说：“我才不要当知春路的大霸王呢！”

“喊，可是上濒就是只在知春路啊！”

我就像一个旁观者一样听见了自己和孩子们的对话。我的回答无疑暴露了我内心的真实想法，我只是自己还不知道。

小而美的教育机构是让我们自己很愉悦，但确实是在愉悦自己。如果一个教育机构想要帮助更多的人，就必须要走上向规模化发展的道路，因为它是服务大众的。

3 年的“暂停”是我在探索自己的过程，我不知道自己是否能够接受这样的挑战，我也不知道团队是否能够接受这样的挑战。但实际上，这 3 年间，我却在不断地补充运营和培训人员，在不断地了解更多的家庭。我以为的暂停，实际上只是我自己不自知，因为我已经在向成为一个更大的机构做准备了。

我的犹豫是因为自己担心，是因为自己不够勇敢，是因为自己太想顺其自然。

每当我犹豫的时候，都是被孩子们点醒。诺诺的“顺其自然”，“知春路小霸王”，还有很多其他的故事。

2003 年到现在，进入教育行业的 15 年，遇到无数次挑战和困难，误解或委屈，每当我累了，倦了，脑海里总会出现这个“顺其自然”的画面。

那个 2005 年的周日上午，永远定格在我的脑海里。

谢谢你们!

参考资料

Urie Bronfenbrenner, "Ecological Systems Theory" ,in Annals of Child Development,Vol.6,ed. Ross Vasta (Greenwich, CT: JAI Press,1989),187-249; Sharon Hays, The Cultural Contradictions of Motherhood (New Haven:Yale University Press,1996); Julia Wrigley, "Do Young Children Need Intellectual Stimmulation? Experts' Advice to Parents, 1900-1985" , History of Education Quarterly 29(Spring 1989):41-75: Maryellen Schaub, "Parenting for Cognitive Development from 1950 to 2000: The Institutionalization of Mass Education and the Social Construction of Parenting in the United States" ,Sociology of Education 83(January 2010): 46-66

Annette Lareau ,Unequal Childhoods: Class, Race, and Family life; Second Edition, With an Update a Decade Later (Berkeley: University of California Press,2011)

Bransford,J.D,&Stein,B.S.(1984).The ideal problem solver. A guide for improving thinking, learning, and creativity. New York: Freeman

Cropley,A.J.(1992). More ways than one: Fostering creativity. Norwood, NJ: Ablex

Crutchfield,R.S.(1962).Conformity and creative thinking. In H.Gruber,G.Terrell,& M. Wertheimer(Eds.),Contemporary approaches to creative thinking (pp.120-140).New York: A therton

Feldhusen,J.F.,&Treffinger,D.J.(1986). Creative thinking and problem solving in gifted education. Dubuque,IO: Kendall/Hunt

Freeman,J.(1983). Emotional problems of the gifted child. Journal of Child Psychiartry,24,481-485

Gilhooly, K.J.,& Green.A.J.K.(1989). Learning problem-solving skills. In A.M. Colley & J.R. Beech(Eds.) Acquisition and performance of cognitive skills. Chichester:Wiley

Hayes, J.R.(1989), The complete problem solver (2nd ed.)Hillsdale, NJ: Erlbaum

Johnson, D.M.(1995). The psychology of thought and judgment. New York: Harper & Brothers

Lubart,T.I.(1994).Creativity. In R.J. Sternberg (Ed.), Thinking and problem solving (pp.289-332). San Diego,CA:Academic

Newell,A., Shaw,J., H.(1962). The processes of creative thinking. In H.Gruber, G.terrell, & M.Wertheimer(Eds.), Contemporary approaches to creative thinking (pp.63-119).New York : Atherton

Ochse, R.(1990).Before the gates of excellence: The determinants of creative genius.Cambridge University Press

Perkins, D.N.(1990). The nature and nurture of creativity. In B.F. Jones & L.Idol(Eds). Dimensions of thinking and cognitive instruction (pp.415−443).Hillsdale, NJ: Erlbaum

Sternberg,R.J.(1988). The nature fo creativity: Contemprorary psychological perspectives. Cambridge University Press

Sternberg, R.J.,&Lubart,T.I. (1991). An investment theory of creativity and its development. Human Development,34,1−31

Sternberg, R.J.,&Lubart,T.I. (1992). Buy low and sell high: An investment approach to creativity. Current Directions in Psychological Science,1,1−5

Sternberg, R.J.,&Lubart,T.I. (1995). Defying the crowd: cultivating creativity in a culture of conformity. New York: Free Press

Sternberg, R.J.,&Lubart,T.I. (1996). Investing in creativity. American Psychologist,51,677−688

- 男孩子需要知道三件事：谁是领头人？规则是什么？必须按照规则办事吗？儿子需要坚定而友善的领路人，这是一本塑造健康男性的全程式养育指南。
- 养育女儿的过程中，母亲会得到许多相互冲突的信息。这是一本让你理清心中的困惑，关注母亲与女儿之间的独特挑战，唤醒健康女性的养育知识宝典。

在色彩日益丰富、育儿方法层出不穷的今天，我们给育儿、给孩子、给自己添加了越来越多的负荷。慢慢地，我们开始怀疑自己的养育方式，但静下心来想想是我们的眼睛和心态出了问题：我们不敢相信自己的眼睛，不敢相信自己的判断，不敢相信自己做父母的资格；甚至不敢相信自己的孩子，不敢相信他们与生俱来的自我成长的生命力。

这套书既不以向读者传播心理学的概念和理论为目标，也没有标榜要给读者设计什么“成功”的方案。相对于很多“望子成龙”的图书，这套书无论从内容到设计都很朴素、平实，然而它触及的却是人的内心。

- 追踪记录太阳花生长的高度
- 比较自己和朋友的身高
- 可以理解冰冷与温暖
- 测量一块木塔
- 尝试听听不同动物的声音
- 使用放大镜观察昆虫

将国际幼儿科学教育理念带到你和孩子的生活里。将儿童带到科学学习的道路上，寻找无尽的科学游戏，玩转最初的科学思维。

- “爱孩子”应该源于哪里
- 教育的意义又是什么
- 孩子不同阶段的需求和关注是什么
- 那些所谓的兴趣是不是孩子真心喜欢的呢

从一位资深幼儿教育者的视角，作者通过她的见闻和自己的故事，来与大家分享教育孩子路上的点滴与历程。对于养育孩子这件事，没有标准答案，也没有速成班，唯有用心去呵护，去引导才能让孩子不断在这个世界中，找寻真实的自己。16篇亲子故事，不仅带给你养育的经验，更重要的是引发思考，懂得如何一起同孩子成长，又该在慢养的路上如何勇敢前行。

- 玩过枕头大战
- 有一个收藏兴趣
- 懂得一点厨房常识
- 懂得音乐的感受
- 讲述自己的梦境
- 控制自己的力量
- 会做 4 件家务
- 从望远镜中看过星空

……

一本在欧洲引起极大轰动的畅销书，一份挑战传统教育观念的认知清单，一种开启童年美好回忆的生活理念。我们要告诉孩子如何在世界上拥抱美好……